民國文存

97

文章作法兩種

胡懷琛 著

知識產權出版社

本書由《抒情文作法》和《詩的作法》組成，這兩種《作法》又各含三部分內容。在前者，爲"本體論""預備論"和"方法論"，分別講解抒情文的性質、寫作前的准備和具體的寫作方法；在後者，即"作詩的基本知識""如何寫詩"和"雜論"，依次闡述詩的性質、詩的寫法以及詩的賞鑑。其每種之最末，又各有一附錄，即"歎詞表"和"舊诗話"，以幫助學習者作進一步研讀。本書之特色：唯務真情實感，講求有感而發；行文平實曉暢，論理深入淺出。

責任編輯：徐　浩　　　　責任校對：董志英
封面設計：正典設計　　　責任出版：劉譯文

圖書在版編目（CIP）數據

文章作法兩種／胡懷琛著. —北京：知識產權出版社，2016.4
　（民國文存）
　ISBN 978-7-5130-4079-2

Ⅰ.①文… Ⅱ.①胡… Ⅲ.①漢語—寫作 Ⅳ.①H15

中國版本圖書館 CIP 數據核字（2016）第 045083 號

文章作法兩種
Wenzhang Zuofa Liangzhong
胡懷琛　著

出版發行：**知識產權出版社**有限責任公司

社　　址：北京市海淀區西外太平莊 55 號　　　郵　　編：100081

網　　址：http://www.ipph.cn　　　　　　　　郵　　箱：bjb@cnipr.com

發行電話：010-82000860 轉 8101/8102　　　傳　　真：010-82005070/82000893

責編電話：010-82000860 轉 8343　　　　　　責編郵箱：xuhao@cnipr.com

印　　刷：保定市中畫美凱印刷有限公司　　　經　　銷：新華書店及相關銷售網站

開　　本：720mm×960mm　1/16　　　　　　印　　張：12.75

版　　次：2016 年 4 月第 1 版　　　　　　　印　　次：2016 年 4 月第 1 次印刷

字　　數：145 千字　　　　　　　　　　　　定　　價：50.00 元

ISBN 978-7-5130-4079-2

民國文存

（第一輯）

編輯委員會

出版前言

　　民國時期，社會動亂不息，內憂外患交加，但中國的學術界卻大放異彩，文人學者輩出，名著佳作迭現。在炮火連天的歲月，深受中國傳統文化浸潤的知識分子，承當著西方文化的衝擊，內心洋溢著對古今中外文化的熱愛，他們窮其一生，潛心研究，著書立說。歲月的流逝、現實的苦樂、深刻的思考、智慧的光芒均流淌於他們的字裡行間，也呈現於那些細緻翔實的圖表中，在書籍紛呈的今天，再次翻開他們的作品，我們仍能清晰地體悟到當年那些知識分子發自內心的真誠，蘊藏著對國家的憂慮，對知識的熱愛，對真理的追求，對人生幸福的嚮往。這些著作，可謂是中華歷史文化長河中的珍寶。

　　民國圖書，有不少在新中國成立前就經過了多次再版，備受時人稱道。許多觀點在近一百年後的今天，仍可說是真知灼見。眾作者在經、史、子、集諸方面的建樹成為中國學術研究的重要里程碑。蔡元培、章太炎、陳柱、呂思勉、錢基博等人的學術研究今天仍為學者們津津樂道；魯迅、周作人、沈從文、丁玲、梁遇春、李健吾等人的文學創作以及傅抱石、豐子愷、徐悲鴻、陳從周等人的藝術創想，無一不是首屈一指的大家名作。然而這些凝結著汗水與心血的作品，有的已經罹於戰火，有的僅存數本，成為圖書館裡備受愛護的珍本，或成為古玩市場裡待價而沽的商品，讀者很少有隨手翻閱的機會。

鑑此，為整理保存中華民族文化瑰寶，本社從民國書海裡，精心挑出了一批集學術性與可讀性於一體的作品予以整理出版，以饗讀者。這些書，包括政治、經濟、法律、教育、文學、史學、哲學、藝術、科普、傳記十類，綜之為“民國文存”。每一類，首選大家名作，尤其是封一些自新中國成立以后沒有再版的名家著作投入了大量的精力，進行了整理。在版式方面有所權衡。基本採用化豎為橫、保持繁體的形式，標點符號則用現行的規範予以替換，一者考慮了民國繁體文字可以呈現當時的語言文字風貌，二者顧及今人從左至右的閱讀習慣，以方便讀者翻閱，使這些書能真正走入大眾。然而，由於所選書籍品種較多，涉及的學科頗為廣泛，限於編者的力量。不免有所脫誤遺漏及不妥當之處，望讀者予以指正。

目　錄

抒情文作法

詩的作法

抒情文作法

例　言

一、抒情文在文章中，完全是"文學的"，而與說明、論辨等文重在學術方面的不同。關於抒情文的研究及其作法的指導，在今日國內尚少專書。這本書現為供給這個需要而作。

二、抒情文的範圍甚廣，但這本書所說的抒情文只以抒情散文為限。然題名仍稱抒情文，不稱抒情散文，是取其簡便的意思。

三、讀此書者，最好先讀一讀《一般作文法》及《修辭的方法》，或同時讀亦可。以上二書均世界書局出版。

四、本書舉例取材，新舊並收，但為好的抒情文，可以供我們做參考資料的，都把他收來。在形式的方面（卽文言或白話），我並不注意。

五、本書編制分為"本體論""預備論""方法論"三部份，把抒情散文的性質、歷史及"如何預備作""如何作法"等分別說明，希望能使讀者能殼澈底了解。

六、本書可供大學或高中教本，或教師參考之用。

七、和抒情文立在同等地位的說明、論辨等文，皆另有專書，讀者可同時讀，或參看。

八、本書如有不妥之處，而承讀者指教，不勝歡迎。

第一編　本體論

第一章　抒情文的性質

文的種類　我這本書標明了是《抒情文作法》，那麼，說話的範圍當然是在抒情文以內，而且也在作法以內。不過，我們要研究抒情文，也不得不先把各類文的大概的情形略說一說；要研究抒情文的作法，也須先知道一點抒情文的本身是甚麼。因此，第一編就是講本體論，而第一章的第一節，就是講文的種類。一切的文，普通是分做像下面那幾類：

（1）記實文　是描寫一種實物，或描寫一種想像中的境地的。

（2）敘事文　是敘述某種事件的發生及其經過的。

（3）說明文　是解釋某項事情或某種學理的。

（4）論辨文　是根據某項據證，或理由，和人家來辨論一個問題的。

（5）抒情文　是專門發揮自己的情感的。

我們再舉幾個例來說明罷：

(1) 記實文　《記黃花岡七十二烈士墓》。

(2) 敍事文　《黃花岡之役》。

(3) 說明文　《論黃花岡之役與辛亥革命之關係》。

(4) 論辨文　《駁某某人七十二烈士姓名辨正》。

(5) 抒情文　《吊黃花岡七十二烈士文》。

雖然同以黃花岡爲題，但是，題目的性質是不同的。第一個題目是"記七十二烈士墓"，注重記他們的墓的位置，墓的形狀，等等。寫到逼眞時，令讀者如身入其境。第二個題目是敍述他們起義時的始末，把黃花岡一戰，源源本本的寫出來。並描寫七十二烈士慷慨激昂的情形，要寫得淋漓盡致。第三個題目是注重說明，把這一戰和革命有怎樣的關係，說得明明白白，使讀者能徹底知道這二者的關係是怎樣。第四題，這是因爲某某人對於七十二烈士的姓名，有所辨正，現在是駁斥他的話不對。第五個題目是注意情感的，是發揮作者對於七十二烈士墓所發生的感慨。

我們看了上面的舉例，各類的不同的情形，是可以知道的了。抒情文是怎樣一類的文，當然也知道了。

我們現在再把抒情文單獨的提出說一說。

何謂抒情文　根據上面的話，抒情文是發揮作者對於一件事情所發生的情感。譬如《吊黃花岡七十二烈士文》，就是作者對於七十二烈士所發生的情感。這情感也有種種不同處：（1）或是贊歎七十二烈士死得轟轟烈烈；（2）或是可惜他們不曾親見革命成功；（3）或是憤恨滿洲政府的暴虐；（4）或是痛惜當時的人民大多數尙未覺悟；（5）或是歎惜七十二烈士的家族的困苦；（6）或是因此引起作者對於民國以來時局紛亂的感慨；（7）其他。

這種種的情感，都是因爲遊了七十二烈士墓，或是說起七十二烈士墓而發生的。把這些情感的任何一種，或任何兩種以上，發表出來，寫在紙上，便可題爲《吊黃花岡七十二烈士文》，而這篇文的性質就是抒情文。

《吊七十二烈士文》不過是一個例，此外對於任何事情，發揮我們的情感的，都是抒情文。讀東亞史，讀到朝鮮亡國的事情，做一篇《哀朝鮮文》，也是抒情文。旅行到開封，訪北宋的故宮，不期然而然的發生出一種感慨來，把這種感慨寫出來，也是抒情文。讀報紙看見印度運動獨立的消息，自然覺得很表同情，把這種情感寫出來，也是抒情文。旅行到歐美，看見外國人欺侮中國人，心裏不平，把這種情感寫出來，也是抒情文。聽說工匪殺人的殘忍，對於殺人者覺得可恨，對於被殺者覺得可憐，把這種情感寫出來，也是抒情文。一個朋友，久別了，很記念他，把我記念他的情狀寫一封長信寄給他，也是抒情文。

在中國的舊的文學作品中，人家所常讀的李陵《答蘇武書》、王粲《登樓賦》、鮑照《蕪城賦》、韓愈《祭田橫墓文》《祭十二郎文》、杜牧《阿房宮賦》、歐陽修《祭蘇子美文》……都是抒情文。不過，其中有的是韻文，有的是散文。我們這本書裏所講的作法，是只講散文，不講韻文的。關於這一層的話也很多，我們在後面另有比較詳細的說明，這裏不多說了。

抒情文產生的原因　上文已說明白了何謂抒情文，這裏再說一說抒情文產生的原因。所謂抒情文產生的原因，換一句話說，就是我們爲甚麼要作抒情文？我們是爲得自己備遺忘麼？不是，不是。是爲得要使他人能充分的了解我的意思麼？不是，不是。只不過是爲得要發抒自己的情感。

我們爲甚麼要發抒自己的情感呢？這個問題不必要我來回答，朱註《詩經》序上已經替我們答復明白了。那序上有一段說起詩的來源，他雖然是專說作詩，但是在實際上，他的話，對於一切的抒情文都適用的。我現在就借引他的話來說明我們爲甚麼要發抒情感。他的話道：

> 或有問於予曰：“詩何爲而作也？”予應之曰：“人生而靜，天之性也。感於物而動，性之欲也。夫既有欲矣，則不能無思。既有思矣，則不能無言。既有言矣，則言之所不能盡，而發於咨嗟詠歎之餘者，又必有自然之音響節族（音奏），而不能自已焉。此詩之所以作也。”

朱子的話雖然也有根據，就是根據於《詩經》的大序，及《禮記》中的《樂記》，但是，以朱子的話說得最爲明白透徹，最適宜於我們引用，所以我這裏就引了他，而並不追本窮源的引大序和《樂記》了。

這一段話，他的目的是在解釋詩的產生的原因。但是，我也可引他來解釋抒情文產生的原因。只要改成下面的樣子就行了：

> 或有問於予曰：“抒情文何爲而作也？”予應之曰：“人生而靜，天之性也。感於物而動，性之欲也。夫既有欲矣，則不能無思。既有思矣，則不能無言。既有言矣，則言之所不能盡，而發於咨嗟詠歎之餘者，又必有自然之音響節族，而不能已焉。此抒情文之所以作也。”

這樣，豈不是一個很適宜的答案麼！倘然有人問道：“詩要有自然之音響節奏，抒情文既不是詩，爲甚麼也要有自然之音響節奏呢？”我答道：“抒情文也有自然之音響節奏。因爲音響節奏是根據於咨嗟詠歎，必須咨嗟詠歎，而後有自然之音響節奏。而我們的情感，又必須由咨嗟詠歎方能發抒得出來；倘然不要咨嗟詠歎，就發抒不出來。所以抒情文一定是有音節的。”

倘然又有人問道：“朱子說詩的話既然可以拿來解釋抒情文，那麼，抒情文和詩有甚麼分別呢?”我道：“抒情文和詩在實質上可以說沒有分別，只不過在形式上有些分別，就是詩的形式比較的更整齊，尤其是中國的舊詩比較的最整齊。這裏，朱子是從實質方面立論，所以他的說詩的話可以拿來解釋抒情文。”

朱子說道：“感於物而動，性之欲也。”可知我們的情感不是無故而發動的，乃是感著外面的物而發動的。試略舉其例如下：

（1）享受著日光及好的空氣，而覺得快樂。

（2）陰雨濕熱的天氣，而覺得沈悶。

（3）聽老鴉鳴，而覺得可憎。

（4）聽畫眉鳥鳴，而覺得可愛。

（5）聽狼嗥虎嘯，而覺得可怕。

（6）聽猿啼，而覺得可悲。

（7）浮大海，登高山，而感覺到人生的虛空。

（8）過荒村，吊古墓，而覺到人生的短促。

（9）聽見弱小民族受帝國主義者的壓迫，而爲之不平。

（10）聽見某人爲正義而奮的消息，而爲之肅然起敬。

（11）見孤兒寡婦之飄泊無依，而覺得可憐。

（12）聞土豪劣紳之魚肉鄉民，而覺得可怒。

（13）聞本國人在外國有不名譽之事，而覺得可恥。

（14）聽見好友死了的消息，而覺得可痛。

（15）讀歷史，至民族興亡、國家治亂之際，覺得有說不盡的種種的感觸，而必欲狂呼大叫而後快。

（16）觀戲劇至悲歡離合之時，覺得有說不出的種種的感觸，不期然而然的替旁人流淚。

（17）看見已死的愛人的遺物，而鈎引起舊時之情。

（18）看見先人的手跡，而引起追慕之意。

（19）其他種種。

這些都是所謂“感於物而動，性之欲也”。我們看了這些例，可以充分的知道“感於物而動，性之欲也”這句話是怎樣的解釋。但是，我在這裏要附帶的聲明一句：我上面所舉的各例，都是就常情而言。常情之外，也有變例。譬如第十八例，一般的人，看見先人的手跡，大概都會引起追慕之意的。然也有不肖的子孫，看見了先人的手跡，是毫無動於其中的。這是變例，又當別論。不能因為有這種變例，而疑惑我上面所舉的各例不能成立。

朱子又說：“既有欲矣，則不能無思。既有思矣，則不能無言。”可知我們既然有了這種種的情感，悶在肚裏，實在難過；必定要把他盡情的發抒出來了，然後舒服，然後安樂。倘然禁止他不許發抒時，那就比甚麼還要難受，只覺坐也不是，立也不是，睡覺也睡不著，吃飯也吃不下。必須把他充份的發抒出來了，那就完了。發抒的方法，也有種種的不同：狂喊、大叫、痛哭、長歌，種種不一。而用文字寫出來，也就是各種方法中的一種。這就是所謂“既有欲矣，則不能無思。既有思矣，則不能無言”了。

朱子又說：“既有言矣，則言之所不能盡，而發於咨嗟詠歎之餘者，又必有自然之音響節奏，而不能已焉。”這幾句話又怎樣說呢？原來我們的情感，埋藏在我們的心的深處，決不是簡單的、呆板的話可以發抒得出來，於是不得不咨嗟歎息的來發抒。譬如我有一個姓李的朋友，他死了，我聽到這個消息，說道：

　　李某人死了。

　這句話，完全是敘事的話。他的效用只能告訴人家一件事，使人家知道李某人已經死了。譬如我說：

　　李某人死了，可惜得很！

　這樣說，已將說話的人對於李某死了的情感略說出一些來。但是，態度仍是很冷淡，好像是立在客觀的地位，而評論李某死得可惜。如此，能充份的發抒朋友間的情感麼？一定是不能的。譬如說：

　　唉！李某人死了，可惜啊！可惜啊！

　必須這樣的說，才能把朋友間的情感發抒出來。我們試看這幾句話，抒情的力量在甚麼地方？原來是在一個“唉”字，和一個“啊”字，又把“可惜”重說一次。這就是所謂咨嗟詠歎了。這就是所謂“言之所不能盡，而發於咨嗟詠歎之餘”了。倘然我們再說得有力點：

　　唉！天啊！李某人死了。可惜啊！可惜啊！

　加了“天啊”兩個字，便覺得有許多向人說，人不能領會的話，只有天可以知道，便不期然而然的呼天而訴。這樣的說，便能頂充份的發抒他的情感，也頂能感動讀者。從來作抒情文的人，到了說不出時往往就呼天而訴。例如：

　　悠悠蒼天！此何人哉！（《毛詩·黍稷》）

　　天乎！痛哉！（今人祭文中常用語）（爲先人作事略，

　亦常用此語）

　這一類的話是很多的。上舉第一例，是取其最早；第二例，是取其最普遍。我們看了這兩個例，可以知道抒情和呼天是怎樣的關係了。

　　總之，不呼天也罷，呼天也罷，無非是咨嗟詠歎而已。

有了咨嗟詠歎，聲音就有長短輕重。聲音有了長短輕重，就自然而然的成爲音節。這就是所謂"有自然之音響節族"了。

我們看了上面各段，已經把朱子說詩的話解釋得十二分明白了。也就是把抒情文產生的原文解釋得十二分明白了。總說一句，就是：

人心感於物而動，不能不有情；有情，不得不發抒。而簡單的、呆板的言語，發抒不出，不得不由咨嗟詠歎發抒出來。於是就自然成了音節，而稱爲抒情文。

這個答案，可以簡單的說明抒情文產生的原因了。

抒情文的功用　抒情的功用是怎樣呢？我們可以分開兩層來說：(1) 是對於自己；(2) 是對於他人。

(1) 對於自己，是把我所有的情感充份的發抒出來，使自己覺得很暢快，可當一劑醫治沈悶的良藥。這一層，在前面已經說過了。讀者可以參看，這裏不多說了。

(2) 對於他人，是能感動他人，能引起人家的同情心。這一層範圍比較的廣，功用比較的大，我們只看下面兩個例就可以知道。

①美國斯陀夫人（Mrs. Stowe）作《黑奴籲天錄》（原名 *Uncle Tom's Gabin*），描寫美國南部虐待黑奴的情形。他雖不是純粹的抒情文，然而敘事之中，充滿了抒情的話。這書一出，便引起美國人同情於黑奴之心來，結果，是南北兩部爲著黑奴問題打了一仗；最後，把黑奴統統解放了。論者以爲黑奴得以解放，就是斯陀夫人此書之功。

②《詩經》裏的《蓼莪》篇中有幾句道："蓼蓼者莪，匪莪伊蒿。哀哀父母！生我劬勞。"又道："父兮生我，母兮鞠我。拊我畜我，長我育我。顧我復我，出入腹我。欲報之德，昊天罔極！"這篇詩是孝子思親而作的。後來晉代

王褒讀到此篇，每至流淚。他的弟子恐傷師心，竟爲之廢《蓼莪》而不讀。這可見《蓼莪》這篇詩感人之深，也可見中國人講孝道，在無形中受了此類詩歌的影響不少。今人雖不承認過分的愚孝，然而相當的孝，都承認他是中國固有的美德之一。《蓼莪》一詩不過是孝子自己發抒他思親的情感，然而這篇詩流傳到後世，不知有多少人受了他的陶冶感化。這也可見抒情文的功用之一斑了。

以上兩個例是就最大的功用而言。至於發抒自己的情感，而博得他人的同心，使他人對於自己發生憐憫，或戀愛或羨慕，這種功用比較的小；和前兩例比起來，似乎次一等了。

又如含有很強的刺激性的抒情文，能觳振作起自己或他人的精神；含有警戒性的抒情文，能砥礪自己或他人的名節。這種功用也是很大的。

不過，抒情文有時候有功，有時候也有罪。如今再舉他的兩種罪案如下。

①明代的湯顯祖，作曲本是很有名的。他的名著《牡丹亭》，想是讀者所知道的。當時候有人勸他講學，他答道："諸公所講的是性，我所言的是情。"這可想見他的風趣。他的《牡丹亭》流傳出去，人人愛讀，尤其是女孩子們愛讀。那時候婁江地方，有個女子，名叫俞二娘，酷愛此曲，對於曲中人極端的同情，後來竟因之傷心而死。顯祖有詩紀此事道："畫燭搖金閣，眞珠泣繡窗。如何傷此曲，偏只在婁江?"（此事原見於《靜志居詩話》）這可見俞二娘的死和《牡丹亭》不無關係。細玩湯顯祖的詩意，好像是自己分辨，好像是說："我的《牡丹亭》，不過是一套

戲曲，那裏可以認眞看。況且讀的人也不止一個，爲甚麼只有婁江俞二娘，偏偏是讀了我的《牡丹亭》便要傷心而死呢?"湯顯祖的詩意，是不承認俞二娘因讀《牡丹亭》而死（不過沒有明明說出來，只是隱隱約約微露其意罷了）。但是，從反面正可以證明俞二娘的死是和《牡丹亭》有極深的關係。唉! 俞二娘豈不是被《牡丹亭》害死了麽!

也有人不承認我的話，以爲我的見解太迂闊了，太陳舊了，太腐敗了。他們說這話，他們的理由有二：（一）湯顯祖只管他自己作曲，只管自己發抒自己的情，他何嘗預存了要害死俞二娘之心? 至於他的曲文作得情詞懇摯，易於感人，乃是他作曲的本等。倘然不是如此，決不能成爲名曲。這樣說來，俞二娘雖爲他而死，然不能把俞二娘的死歸罪於他。（二）俞二娘讀曲本太認眞了，自己的見解也太窄了。這只怪他自己讀書不多，見事不廣。像他這樣的人，就是沒有《牡丹亭》給他讀，他也許因著別的事情傷心而死。如此說來，又何能怪湯顯祖呢?

我以爲只就文學的本身而論文學，第一個理由是絕對不錯的。但是，我們現在是說到抒情文的功用了，又不得立在功用的地位來說話。立在功用的地位來說話，湯顯祖的《牡丹亭》於無形之中殺死了一個無辜的女子，是功呢? 還是罪? 這也不待多言而可決了。第二個理由呢? 沒有《牡丹亭》，俞二娘也許爲了旁的事情傷心而死。這話雖然可以說，然就事實言，他終是爲了《牡丹亭》傷心而死，《牡丹亭》終脫不了關係。若說《牡丹亭》含有誘惑未成年的男女的意味，也不爲過。那麽，他是有功呢? 還是有罪?

這也不待多言而可決了。

總之，離功用而論《牡丹亭》，自然是中國文學中的名著，誰也不能否認。倘然一說到功用，就不能不認爲有罪。這是發言的立腳點不同，並不是我的見解的迂闊、陳舊、腐敗。這一點想是讀者所能諒解的。

②《紅樓夢》也是中國文學中的一部名著。就文論文，也是我所極端佩服的。倘然一說到功用，我又不得不另有一種看法，另有一種評論了。

我們試想：凡是讀《紅樓夢》的人，男的都想學賈寶玉，女的都想學林黛玉。把全中國的青年男女一起寶玉、黛玉化了，試問是好現象呢？還是壞現象？這也是所謂不待煩言而已決了。那些學寶玉、黛玉的男男女女，學得不好，都成了癡男怨女。就說天資最高，功夫最深的，看透《紅樓夢》作者的用意，也不過是徹底明白了"太虛幻境"這四個字。到這時候，惟一的出路，就是剃光了頭做和尚、尼姑。試問全國的青年男女都想剃光的頭去做和尚、尼姑，這是好現象呢？還是壞現象？

我對於《紅樓夢》的見解，正和對於《牡丹亭》一樣。我的見解，在上文已經說明白了，讀者可以參看，這裏恕我不再說了。現在再說兩個關於《紅樓夢》的故事，也恰恰和《牡丹亭》是一樣。

據說，杭州地方有個商人的女兒酷愛《紅樓夢》，因成瘵疾。將死時，他的父母歸怨於書，取書投入火中燒掉。女在牀上聞信，大哭道："爲甚麼燒殺我們的賈寶玉？"他把這句說完，他的氣也絕了(此事原見《庸閒齋筆記》)。又說，蘇州有個姓金的男子，最喜讀《紅樓夢》，因此著了魔。他在家裏設了一座林黛玉的牌位，朝夕拜祭。每讀到絕粒、焚稿各回，便終夜流淚；久而久之，竟變了瘋子。一天，對黛玉的牌位，焚香長跪，跪了好久好久，才立起來，拔了爐中的香一枝，向門外跑。他家中的人問他往那裏去，他說：「往警幻天見瀟湘妃子去。」家中人雖然暫時把他拖住了，但過了幾天，乘人不備，到底逃去了。家中人四處尋覓，隔了好久，才把他尋回來(此事原見於《三借廬筆談》)。這裏一男一女，一個因讀《紅樓夢》而變了瘋子，一個因讀《紅樓夢》而送了性命。我們不說到功用的話，那便罷了，如一說到功用，怎得不歸罪於《紅樓夢》呢？

總之，抒情文有時候是有功的，有時候是有罪的。要看所發抒的情是如何，也要看讀者著迷的程度是如何。

抒情文的成分　我們現在另外說一個問題，就是抒情文的成分。照一般的說法，既然是叫抒情文，文中所寫的，當然是情感，而沒有其他的分子。其實也不盡然。抒情文也有純粹的和不純粹的兩種。純粹的，完全是抒情；不純粹的，其中也有敍事的地方，也有說理的地方。所以有時抒情文和記實文、敍事文、說明文、論辨文等分不清。譬如《史記》中的《伯夷列傳》，是算敍事文呢？還是算抒情文？很不容易判決。我們對於如此一類的文，辨別的方法，有兩個，如下：

(1) 從全體的分量上，看抒情的分量有多少，而決定他是否抒情文。

(2) 從作者作此文的動機看，看他的動機是否在於抒情，而決定他是否抒情文。

這兩個方法，後一個比前一個更準確。如能兩個同時並用，那更百無一失了。譬如《史記》中的《伯夷列傳》罷，照舊的讀《史記》的人看，一定要說他是敍事文，而不是抒情文。不過，照我的觀察說起來，他確是抒情文，而非敍事文。篇中所敍的事，不過是借古人的事發自己的牢騷罷了。我們用前面兩個方法來看，可得下列各點：

（1）《史記》是司馬遷不得意時做來發抒自己的鬱結的。在他的自序裏已說明白了。可見他的動機是在於抒情，而不是在於敍事。是主觀的抒情，而不是客觀敍事。全部《史記》大半是如此，而於《伯夷列傳》爲尤甚。

（2）《伯夷列傳》中空言多於事實。而此種空言，也不是客觀的批評，只是主觀鳴不平的話。如所謂"怨耶？非耶？"一類的話都是。

（3）此傳中所敍的伯夷、叔齊的事，是否可信，從前人早已發生了疑問了。這更足證明司馬遷作此文的動機，不是在於敍事，而只是在於抒情了。

因此，我們斷定《伯夷列傳》是抒情文。同樣的觀察，也斷定《史記》中的《屈原傳》是抒情文。

我們再可以用這兩個法子去觀察一切的文，是不是抒情文。

大概純粹的抒情文是極少的。其他不純粹的抒情文，但用我們的方法考察下來，可認他是抒情文時，就說他是抒情文。

抒情文的廣義與狹義　現在再說一個問題，就是抒情文的廣義與狹義。因爲"抒情文"三字的範圍很大，他的最廣的定義，也可把抒情的詩歌包括在裏面。他的次廣義，是包括抒情的韻文和抒情的散文。他的情形是如此，所以我們說到抒情文時，不得不把他的廣義和狹義說說明白。現在我們可畫一個表如下：

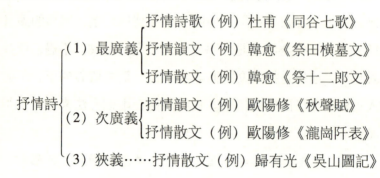

抒情詩
(1) 最廣義 { 抒情詩歌（例）杜甫《同谷七歌》
抒情韻文（例）韓愈《祭田横墓文》
抒情散文（例）韓愈《祭十二郎文》
(2) 次廣義 { 抒情韻文（例）歐陽修《秋聲賦》
抒情散文（例）歐陽修《瀧崗阡表》
(3) 狹義……抒情散文（例）歸有光《吳山圖記》

原來抒情文有這三種的定義。現在我這本書裏所取的，是最後一種狹義。爲甚麼只取最後一種狹義呢？因爲最廣義可以包括詩歌，詩歌應該獨立，這個理由也很明白。差不多人家都已公認的，我在這裏也不必再要加以說明了。次廣義包含韻文和散文。但是所謂抒情韻文，已成了歷史上的成蹟，此後是不會再有人作了。至於抒情散文呢，雖然有文言、白話之不同，此後只有白話，不應再有文言，然散文總是同的。所以我在這本書裏，從此節以後，只說抒情散文，而不說抒情韻文了。現在特爲聲明，以清界限（下文也有說到詩歌和韻文的地方，但仍以散文爲主，是取詩歌或韻文來比較的，不是將詩歌、韻文和散文並列的，也不是把三者混在一起說的）。

第二章　抒情散文與其他文之比較

總論　我們根據前一章所說的話，可以知道抒情文是怎樣的性質，抒情散文是怎樣的性質。我這本書，雖然稱爲"抒情文作法"，但是抒情文是取得狹義。換一句話說，就是抒情散文。所謂抒情散

文，一方面以"抒情"二字對於"非抒情"而有不同之點，一方面
以"散文"二字對於"非散文"而有不同之點。我在這裏把他們拿
來比較一下。

抒情文與非抒情文之比較　所謂抒情文，就是作品中有作者的
情感參在裏面。往往有兩件差不多的作品，一爲抒情，一爲非抒情，
全以有沒有情感爲斷。我們要知道他有沒有情感，可用下列不同之
點來區別他們。

（1）抒情文語前或語後加歎詞。現代語爲"唉"，古文爲"嗚
呼"、爲"嗟夫"。非抒情文則不用此類歎詞。

（例）唉！中國正在受人家的壓迫！

這是抒情文。表明說這話的人對於中國受人家的壓迫是怎樣的
傷心，而不知要等到何時才能不受人家的壓迫。說這句話的人，一
定是中國人，或是表同情於中國的他國人，決不是立在旁觀地位和
中國毫無關係的人的口吻。我們再看下面的例。

（例）中國正在受人家的壓迫。

這不是抒情文。只不過是說明中國現在的情形，而對於中國人
受壓迫的痛苦，是完全不關心的。

像上面的例，加上一個"唉"字，便變了抒情文；拿去一個
"唉"字，便不是抒情文。這樣可以說全是一個"唉"字的關係。然
也有一種語言，永遠不是抒情的，永遠不能加上"唉"字一類的歎
詞的，如科學書中的話，完全是如此。

（例）三角形，二角相等者，其所對之邊亦必相等。

倘使我們說：

唉！三角形，二角相等者，其所對之邊亦必相等啊！

或是說：

嗚呼！三角形，二角相等者，其所對之邊亦必相等。

這樣的說，人家聽了沒有不發笑的。因為這句話的本身只是說明文。無論如何，不能使他變為抒情文。

（2）抒情文語後加"啊"字，把"啊"字延長讀。非抒情文則不用這種"啊"字。

（例）他這個人的性情眞好啊！

這句話，用一個"啊"字，便能寫出說話的人對於這個人的贊美、羨慕之情。倘把"啊"字拿去了，便變為說明文了。

（例）他這個人的性情眞好。

但是，一個"眞"字，倘然把他重讀，還是能毂寫出贊美、羨慕的情來。倘然再把"眞"字拿去，只說：

這個人的性情好。

那就完全是機械式的說明文了。

（3）抒情文，把全句緩讀或急讀，能讀出自然的音節來。不是抒情文，便讀不出音節來。

（例）你好好的走（緩讀）

（例）快去！快去！（急讀）

這兩句話，或當緩讀，或當急讀，都能讀得出自然的音節來。而說話的人的情感，也就從聲音的緩急中表現出來。倘然不是抒情文，是讀不出音節的。

（例）地球是繞著太陽走的。

（4）抒情文可以把句中某字加重讀，而情感也就由此表現出來。非抒情文便不能毂。

（例）你這幅畫繪得眞好！

"眞"字可以加重讀。非抒情文便沒有這樣的情形。

（例）這一幅是油畫，那一幅是水彩畫。

這句話中的任何一字，都不能加重讀。加重讀了，便覺得難聽。

（5）抒情文，中間往往有呼天或呼父母的話。非抒情文，絕對沒有。

（例）某先生於某日死了！唉！天啊！

（例）把魂也駭掉了，我的媽啊！（受了驚駭後說的話）

倘然不是抒情文，而用這種呼天呼父母的話，那就變了笑話。

（例）這一幅是油畫，那一幅是水彩畫。唉！天啊！

我說到這裏，再要說明幾句：抒情的文爲甚麼要呼天，或呼父母呢？我的答案道：作抒情文的人呼天，或呼父母，就是人遇到極痛苦的事，說不出來；卽使說出來，也沒有他人能夠領會，只有天知道，只有父母知道。今人話說，在極勞苦之時，在受了極大的驚駭之後，常常說："啊呀！我的媽啊！"或是說："啊呀！天啊！"小孩子受了人家欺侮哭着呼"阿媽！"這都是呼天或呼父母。《史記·屈原傳》也說：

夫天者，人之始也；父母者，人之本也。人窮則反本，故勞苦倦極，未嘗不呼天也；疾痛慘怛，未嘗不呼父母也。

那麽，"爲甚麼要呼天或呼父母"的原因，司馬遷早說過了。

（6）抒情文，往往作疑問語。這種疑問語，是不要人家答復的，有時候人家也不能答復。非抒情文便不是如此。

（例）人生一世，就是這樣的麽！

這是抒情文。這不是一句機械的問語，這一句能表現出極複雜的情感。世界是可愛的？或是可厭的？人生是快樂的？或是痛苦的？……種種的情感，都包括在這一句話中。說這一句話的人，只是自己說說罷了，他並不是對於某某人而說的，也並不希望得到人家的答案，人家也絕對不能答復他。又如《楚辭》中的《天問》，全篇都是疑問語，他雖然問天，天也不能答復他。

再有一種贊歎或悲傷的抒情語，也常作不決定的口吻如"不亦樂乎！""豈不痛哉"之類，也是不須答復的疑問語。

倘然不是抒情文而作疑問語，這句疑問語一定是希望得到人家的答復的，人家也很容易答復。譬如對於一個人問道：

　　你要到南京去麼？

這不是抒情文，這是一句機械的問語。他是要得到人家的答復的，人家也很容易答復他。只說"去"，或說"不去"，便完了。

又如對於一個人問道：

　　你是那一省的人？

這不是抒情文，這是一句機械的問語。他是要得到人家的答復的，人家也很容易答復他。只說"我是廣東人"，或"是福建人"，或"是江蘇人、浙江人"，或其他甚麼省人，也就完了。

若遇到抒情文中的：

　　人生一世，就是這樣的麼？

這句話，叫人家如何答復？但是，說的人也明知人家不能答復，而姑且這樣的發問。

（7）抒情文，往往把同樣的話重複的說一遍。不是抒情文就不用說這種重複的話。

　　（例）這幅畫是你繪得麼？好啊！好啊！

"好啊！""好啊！"同樣的字，重說一遍，無非是表現出情感的濃厚。倘然是客觀的批評，只說他畫得好就是了，更用不著重複的說一句老話。

　　（例）你這幅畫繪得好。

這樣的重複的話，在舊書中常常有的。如《論語》云：

　　天何言哉！四時行焉，百物生焉，天何言哉！

假使改爲：

　　天不言，而四時行，而百物生。

這就變爲機械的說明語了。今於"天何言哉"一句作疑問語，而且同樣的四字，重說一遍，這都是要充份的表出他對於天的贊美的情感。

又如《孟子》記子產敎校人把魚放在池裏。子產說：

　　得其所哉！得其所哉！

也是同樣的，同時用疑問語及重複語，充份的表出他心裏的安慰來。

以上所舉的例，都是一句兩句的，極短的作品。我們爲著便於說得明白起見，故揀極短的作品舉來爲例。至於長篇的抒情散文，可由此類推的。

散文的抒情文與非散文的抒情文之比較　　所謂"散文的抒情文"，換一句話說，就是抒情散文。所謂"非散文的抒情文"，換一句話說，就是包括抒情的詩歌和抒情的韻文。現在把他們比較一下看。

原來抒情詩歌及抒情韻文和抒情散文的比較，大家有一個共同之點，就是"抒情"。可以說：實質是完全相同的，所不同的，只不過是形式罷了。

我們根據這一點來比較他們，是很有趣味的。因爲他們同是抒情，只不過是抒情的方式不同罷了，而同是這個實質。方式是可以互變的。好像一碗水，倒在方器裏，便變成方形，倒在圓器裏，便變成圓形；實在水的本體無所謂方圓。抒情文也是如此。我們的情感，拿詩歌寫出來，便是抒情詩歌；拿韻文寫出來，便是抒情韻文；拿散文寫出來，便是抒情散文。究竟"情"的本身，何嘗有所謂"韻""不韻"，又何嘗有所謂"散""不散"呢？

我們徹底明白了這個道理，就可以把抒情文的形式自由變化：韻文可以變爲散文，詩歌也可以變爲散文，反轉來說：散文也可以變爲韻文，變爲詩歌。現在逐個舉例證明如下。

（1）改韻文爲散文例。我們先看南北朝時梁元帝的《蕩婦秋思賦》的開場幾句道：

> 蕩子之別十年，倡婦之居自憐。登樓一望，惟見遠樹含烟。平原如此，不知道路幾千！

這本是所謂抒情韻文。現在我們也可以把他改成抒情散文。怎樣的改呢？請看下文便是：

> 夫蕩子則一別十年，蕩婦則獨居而誰與語？他鄉在何許？猶以爲可望見也。嗟夫！試登樓一望，則但見平原莽莽，遠樹含烟而已。夫又誰知夫道路之幾千萬里哉！

（2）改詩歌爲散文例。我們先看李太白的《遠別離》前半首是怎樣。

> 遠別離，古有皇、英之二女。乃在洞庭之南。湘、瀟之浦。海水直下萬里深，誰人不言此離苦！日慘慘兮雲冥冥，猩猩啼烟兮鬼嘯雨。我縱言之將何補！皇穹竊恐不照余之忠誠。雲憑憑兮欲吼怒。

我們試把他改爲抒情散文，看是怎樣。

> 古有所謂遠別離者，乃皇、英之二女也。其別也乃在洞庭之南，瀟、湘之浦。海水直下，萬里遙深，誰不言此離苦耶！當夫白日慘慘，青雲冥冥，猩猩啼烟，而山鬼嘯

雨。於斯時也，我縱言之，亦將何補！蓋竊恐皇穹不照余

之忠誠耳！

我們照上面的兩個例看來，抒情散文和詩歌及抒情韻文的實質完全相同。不用說了，就是他們的形式也很接近。

我們再從改成的散文的例看來，可知抒情散文也有他的音節。倘然有一段散文，我們橫讀、豎讀，讀不出音節，那麼，他就不是抒情散文。這就是鑑別抒情散文的一個方法。

（3）改散文爲韻文，我們只消把第一例反轉來看就可以明白了，更不必另外舉例。

（4）改散文爲詩歌，也只須把第二個例反轉來看就是了，也不必另外舉例。

我們再把詩歌、韻文、散文比較一下，實在是覺得：雖然同是抒情，而散文爲最活潑、最自由、最能曲折婉轉的，把我們心裏所要說的話，全訴說出來。倘然我要說一句有偏見的話，我就好說：“抒情散文的價值是在抒情詩歌及抒情韻文之上。”不過，詩歌及韻文所以能夠成立，所以能夠存在，自然也有他們立脚之地。我說散文高於一切，終不免是一方面的話罷！

第三章　中國抒情散文小史

抒情散文產生的年代　抒情散文產生的年代是很早的。可以說，自從有了語言，就有抒情散文。因爲人類的情感，是在最早的時候就有的，不必要等到文化進步了才有；而把他的情感發抒出來，就成爲抒情的語言，也就是抒情文。不過，在中國古代，獨立成篇的

抒情詩歌雖然很多，而獨立成篇的抒情散文卻是沒有。只不過零零碎碎的一兩句，如"甚矣！吾衰也久矣！吾不復夢見周公""天何言哉！天何言哉""得其所哉！得其所哉"等語，散見在古書中。

這些固然可以說是抒情散文，但不能獨立成篇。至於能成篇的，直要到司馬遷才有。

長篇抒情散文的創造者 我們說到獨立成篇的抒情散文，又有長篇、短篇的分別。大約短篇的抒情散文，以純粹的爲多。而長篇的，就往往不能純粹。就是有其他的分子夾在裏面。如今先說長篇的抒情散文。

長篇抒情散文的創造者，就是司馬遷；最早的長篇抒情散文的作品，就是《史記》中《伯夷列傳》《屈原列傳》等篇。

《史記》是一部歷史，爲甚麼他中間到有幾篇抒情散文呢？因爲司馬遷作《史記》的動機，就是發牢騷。他因爲李陵的事，無故而受了腐刑，你想他是怎樣的不平！却又處在千鈞壓力之下，不但不能反抗，而且不敢直接的呼籲。他在百無聊賴的時候，只好借了著書，以消磨他的光陰。那字裏行間，自然而然的流露出他的牢騷來。全部史記，大部份都是如此，而尤以《伯夷列傳》《屈原列傳》兩篇爲最明顯。我們試看《伯夷傳》中的一段云：

伯夷、叔齊，孤竹君之二子也……遂餓死於首陽山。

由此觀之，怨耶？非耶？

或曰："天道無親，常與善人。"若伯夷、叔齊，可謂善人者非耶？積仁絜行如此，而餓死。且七十子之徒，仲尼獨薦顏淵爲好學，然回也屢空，糟糠不厭，而卒蚤夭。天之報施善人，其何如哉？盜跖日殺不辜，肝人之肉，暴戾恣睢，聚黨數千人，橫行天下，竟以壽終。是遵何德哉？

此其尤大彰明較著者也。若至近世，操行不軌，專犯忌諱，而終身逸樂富厚，累世不絕；或擇地而蹈之，時然後出言，行不由徑，非公正不發憤，而遇禍災者，不可勝數也！余甚惑焉。儻所謂天道，是邪？非邪？

這些話如"怨耶？非耶""儻所謂天道，是耶？非耶"等，都不是敍事，也不是評論夷、齊，只是借著夷、齊的事呼天而自問。

再看《屈原傳》是怎樣呢。他中間的一段云：

王怒而疏屈平。屈平疾王聽之不聰也，讒諂之蔽明也，邪曲之害公也，方正之不容也，故憂愁幽思而作《離騷》。《離騷》者，猶離憂也。夫天者，人之始也；父母者，人之本也。人窮則反本，故勞苦倦極，未嘗不呼天也；疾痛慘怛，未嘗不呼父母也。屈平正道直行，竭忠盡智，以事其君，讒人間之，可謂窮矣。信而見疑，忠而被謗，能無怨乎？屈平之作《離騷》，蓋自怨生也。《國風》好色而不淫，《小雅》怨誹而不亂，若《離騷》者，可謂兼之矣。上稱帝嚳，下道齊桓，中述湯武以刺世事；明道德之廣，崇治亂之條貫，靡不畢見。其文約，其辭微，其志潔，其行廉，其稱文小而其指極大，舉類邇而見義遠。其志潔，故其稱物芳；其行廉，故死而不容自疏。濯淖汙泥之中，蟬蛻於濁穢，以浮游塵埃之外，不獲世之滋垢，皭然泥而不滓者也。推此志也，雖與日月爭光可也。

這一段話，不也是和《伯夷傳》一樣的麼？

總之，這兩篇傳，是這樣的話比敍事爲多。敍事又多迷離恍惚，教人家把他當歷史看，實在不如把他當抒情散文看。惟一的原因，就是他的文章不是客觀的敍事，而是主觀的寫情。

司馬遷的《史記》所以在中國文學上能佔一個極重要的位置，也就是如此。在他以前，這樣的抒情散文是沒有的。所以我說，他是一個長篇抒情散文的創造者。

長篇抒情散文的消沈 司馬遷雖然創造了長篇的抒情散文，但在當時候，影響並不很大。從西漢、東漢、晉、南北朝到唐，這個長時期中，並沒幾篇長篇的抒情散文出現（當然除了《史記》不算）。

在舊文學界裏，比較有名的幾篇長篇的抒情文，可以勉強稱爲散文的，然也介乎似散非散的中間。現在把他說一說，就可知道這個時代抒情散文的消沈了。

第一篇是李陵《答蘇武書》。是李陵降了匈奴之後，在匈奴寄與蘇武的。他既身降匈奴，而又心戀漢土，可見他的情感是怎樣的複雜難言。蘇武是他的好朋友，他這封信中的話，當然是充滿了情感。不過這封信的形式很特別，很特別，既不全是散文，卻又不全是"非散文"。他的全篇，除了極少數的幾句而外，幾乎每句都是四個字。如中間的一段云：

> 自從初降，以至今日，身之窮困，獨坐愁苦。終日無嗜，但見異類。韋韝毳幕，以禦風雨；羶肉酪漿，以充饑渴。舉目言笑，誰與爲歡？胡地玄冰，邊土慘裂。但聞悲風，蕭條之聲。涼秋九月，塞外草衰。夜不能寐，側耳遠聽，胡笳互動，牧馬悲鳴，吟嘯成羣，邊聲四起。晨坐聽之，不覺淚下。嗟乎子卿！陵獨何心，能不悲哉！

這樣的文字，和司馬遷的抒情散文，怎樣不同，我們比較一讀，就可知道。

第二篇是楊惲《報孫會宗書》。楊惲，漢宣帝時人，是司馬遷的外孫。初仕，爲中郎將，後以罪免爲庶人，當然他老大不高興。於是就縱情於酒色歌舞，以求瞬息間的快樂。孫會宗是他的朋友，寫信規諫他，這就是報答孫會宗的信。中間一段云：

> 竊自思念：過已大矣，行已虧矣，長爲農夫，以沒世矣。是故身率妻子，戮刀耕桑，灌園治產，以給公上。不意當復用此爲譏議也。夫人情所不能止者，聖人弗禁。故君父至尊親，送其終也，有時而既。臣之得罪，已三年矣。田家作苦，歲時伏臘，烹羊包羔，斗酒自勞。家本秦也，能爲秦聲；婦趙女也，雅善鼓瑟；奴婢歌者數人；酒後耳熱，仰天拊缶而呼烏烏。其詩曰：「田彼南山，蕪穢不治。種一頃豆，落而爲萁。人生行樂耳！須富貴何時？」是日也，拂衣而喜，奮袖低昂，頓足起舞。誠荒淫無度，不知其不可也。

這一大段，是他自己描寫他頹廢的生活。寫一個潦倒的狂人，寫得如生龍活虎一般。畢竟他是司馬遷的外孫，猶有外祖父的風調；然終究有一點僵化，不及司馬遷的完全活潑自由。例如，四字句也很多，用筆也不及司馬遷的抑揚反複，一唱三歎。這篇文和李陵《答蘇武書》比較，雖然散的程度比李陵高些，却不能和司馬遷的抒情散文一例而論。

第三篇是李密的《陳情表》。李密是三國時人。晉初被徵爲太子洗馬，他因爲祖母年紀大了，家中又無他人，不能出去做官，他上這篇表。大部份是很懇切的話。

> 臣以險釁，夙遭閔凶。生孩六月，慈父見背；行年四歲，舅奪母志。祖母劉愍臣孤弱，躬親撫養。臣少多疾病，九歲不行。零丁孤苦，至於成立。既無伯叔，終鮮兄弟。門衰祚薄，晚有兒息。外無期功強近之親，內無應門五尺

之僮。煢煢孤立，形影相弔。而劉夙嬰疾病，常在牀蓐。臣侍湯藥，未曾廢離。逮奉聖朝，沐浴清化，前太守臣逵察臣孝廉，後刺史臣榮舉臣秀才。臣以供養無主，辭不赴命。詔書特下，拜臣郎中。尋蒙國恩，除臣洗馬。猥以微賤，當侍東宮，非臣隕首所能上報。臣具以表聞，辭不就職。詔書切峻，責臣逋慢；郡縣逼迫，催臣上道；州司臨門，急於星火。臣欲奉詔奔馳，則劉病日篤；欲苟徇私情，則告訴不許。臣之進退，實爲狼狽。伏維聖朝以孝治天下，凡在故老，猶蒙矜育，況臣孤苦，特爲尤甚。且臣少事僞朝，歷職郎署。本圖宦達，不矜名節。今臣亡國賤俘，至微至陋，猥蒙拔擢，寵命優渥，豈敢盤桓，有所希冀。但以劉日薄西山，氣息奄奄，人命危淺，朝不慮夕。臣無祖母，無以至今日；祖母無臣，無以終餘年。母孫二人，更相爲命。是以區區不能廢遠。臣密今年四十有四，祖母劉今年九十有六。是臣盡節於陛下之日長，報劉之日短也。

他這篇文章，僵的程度，和李陵《答蘇武書》相同。我們看他不是以四字句居多數麼？不是有意做成這僵化的格式麼？

大概兩漢的作者，都注重作賦，除了幾篇政論，不關抒情而外，凡是偏於抒情的文，都受了賦的毒。像李陵和李密這兩篇文，分明不是賦，却很容易看得出受了賦的影響。自兩漢到晉，全是這樣。南北朝呢？在那時候有個特別的文學界說，叫做"有韻者爲文，無韻者爲筆"。這個界說，雖然久已不適用了，但是在那個時代，是很有勢力的。既然稱"有韻者爲文，無韻爲筆"，那麼，散文當然不能算文。所以在南北朝時，可以說沒有抒情散文。

兩漢到晉，抒情散文的代表作品既如上述，南北朝時的情形又

28

是這樣，所以這個時代，可以說是長篇抒情散文消沈的時代。

長篇抒情散文的復興　到了唐朝的韓愈，他覺得南北朝以及唐初的文，太束縛了，於是就盡力做復古的工作。在他算是復古，其實也可以說是革命。就是把束縛解除了，由非散文而復變爲散文。於是抒情散文也應運而復興了。

韓愈的文集裏，抒情散文很多。代表的作品，就是《祭十二郎文》與《送董邵南序》。

祭文，當然是抒情文，不過從來作祭文的，大都不是用散文。像韓愈這篇《祭十二郎文》，在他那時候，是少有的。他中間一段云：

> 嗚呼！吾少孤，及長，不省所怙，惟兄嫂是依。中年，兄歿南方，吾與汝俱幼，從嫂歸葬河陽，既又與汝就食江南，零丁孤苦，未嘗一日相離也。吾上有三兄，皆不幸早世。承先人後者：在孫惟汝，在子爲吾。兩世一身，形單影隻。嫂嘗撫汝指吾而言曰：“韓氏兩世，惟此而已。”汝時尤小，當不復記憶；吾時雖能記憶，亦未知其言之悲也。

又一段云：

> 去年孟東野往，吾書與汝曰：“吾年未四十，而視茫茫，而髮蒼蒼，而齒動搖。念諸父與諸兄，皆康彊而早世；如吾之衰者，其能久存乎？吾不可去，汝不肯來，恐旦暮死，而汝抱無涯之戚也。”孰謂少者歿而長者存，彊者夭而病者全乎？嗚呼！其信然邪？其夢邪？其傳之非其眞邪？信也，吾兄之盛德，而夭其嗣乎？汝之純明而不克蒙其澤乎？少者、彊者而夭歿，長者、衰者而成全乎？未可以爲信也。夢也，傳之非其眞也。東野之書，耿蘭之報，何爲

而在吾側也？嗚呼！其信然矣！吾兄之盛德而夭其嗣矣！汝之純明宜業其家者，不克蒙其澤矣！所謂天者誠難測，而神者誠難明矣！所謂理者不可推，而壽者不可知矣！雖然，吾自今年來，蒼蒼者或化而爲白矣，動搖者或脫而落矣；毛血日益衰，志氣日益微，幾何不從汝而死也！死而有知，其幾何離；其無知，悲不幾時，而不悲者無窮期矣！汝之子始十歲，吾之子始五歲，少者、彊者不可保，如此孩提者，又可冀其成立邪？嗚呼哀哉！嗚呼哀哉！

又一段云：

嗚呼！汝病吾不知時，汝歿吾不知日，生不能相養以共居，歿不得撫汝以盡哀，斂不憑其棺，窆不臨其穴。吾行負神明，而使汝夭，不孝不慈，而不得與汝相養以生，相守以死。一在天之涯，一在地之角，生而影不與吾形相依，死而魂不與吾夢相接。吾實爲之，其又何尤！彼蒼者天，曷其有極！自今以往，吾其無意於人世矣！當求數頃之田於伊、潁之上，以待餘年。教吾子與汝子，幸其成長；吾女與汝女，待其嫁。如此而已。嗚呼！言有窮而情不可終。汝其知也耶？其不知也耶？

這一篇祭文，字字都是至情的流露，所以極能感動人。舊式的所謂“古文”選本中，幾乎沒有不選他的。而他們稱他爲祭文的變體。爲什麼叫變體呢？就是他們所見的向來的祭文，都不是散文；見了這篇散文，所以就稱爲變體了。

向來的祭文都不是散文的原因，大約因爲祭文是出於《楚辭》中的《招魂》。後來體裁雖有所改變，但沒完全變成純粹的散文。自從韓愈以後，祭文中雖仍以“非散文”爲多，但是散文就不是絕對沒有了。

　　韓愈的《送董邵南序》，在舊式的所謂“古文”中，稱爲“贈序”。贈序，大概是臨別時送給朋友的紀念品，或是自己有所感觸，寫下來送給朋友的。這也當然是抒情文。如韓愈《送董邵南序》，就是董邵南舉進士，不得志，將遊河北時，韓愈作這篇文送他的。全文如下：

　　　　燕、趙古稱多感慨悲歌之士。董生舉進士，連不得志於有司，懷抱利器，鬱鬱適茲土。吾知其必有合也！董生勉乎哉！夫以子之不遇時，苟慕義彊仁者，皆愛惜焉，矧燕、趙之士出乎其性者哉！然吾嘗聞風俗與化移易，吾惡知其今不異於古所云邪？聊以吾子之行卜之也。董生勉乎哉！吾因之有所感矣。爲吾弔望諸君之墓，而觀於其市，復有昔時屠狗者乎？爲我謝曰：“明天子在上，可以出而仕矣。”

　　這篇文章雖然很短，但是抑揚反復，盡唱歎之能事。在明眼人看起來，都知道是他自己鬱鬱不得志，借著董邵南發牢騷。好像是可笑，其實，假使他是個得意的人，他也就做不出這篇絕好的抒情文了。

　　舊的文體中所謂“書牘”，現在可稱爲“書信”，也有一大部份是抒情散文。如韓愈《與孟東野書》的一段云：

　　　　與足下別久矣。以吾心之思足下，知足下懸懸於吾也。各以事牽，不可合併。其於人人，非足下之爲見，而日與之處，足下知吾心樂否也？吾言之而聽者誰歟？吾唱之而和者誰歟？言無聽也，唱無和也，獨行而無徒也，是非無所與同也。足下知吾心樂否也？足下材高氣清，行古道，處今世，無田而衣食，事親左右無違。足下之用心勤矣！
足下之處身勞且苦矣！混混與世相濁，獨其心追古人而從
之。足下之道，其使吾悲也。

又如他的《答崔立之書》中間的一段云：

夫所謂博學者，豈今之所謂者乎！夫所謂宏辭者，豈
今之所謂者乎！誠使古之豪傑之士，若屈原、孟軻、司馬
遷、相如、揚雄之徒，進於是選，必知其懷慙乃不自進而
已耳。設使與夫今之善進取者，競於蒙昧之中，僕必知其
辱焉。然彼五子者，且使生於今之世，其道雖不顯於天下，
其自負何如哉！肯與夫斗筲者決得失於一夫之目而爲之憂
樂哉？

書信，本來是絕對應該用散文的。但是像前章所舉的例，李陵
《答蘇武書》、楊惲《報孫會宗書》，還介乎是散、非散的中間，而不
能純粹是散。這可見他們受辭賦的束縛之深了。到了韓愈，才是充
份的解放。

所以這個時期，可算是長篇抒情散文復興的時代。

自此以歷宋、明、清，直至現代，都有很好的長篇抒情散文的
作品。

長篇抒情散文的繼續　長篇抒情散文，在韓愈以後，就要算歐
陽修。韓、歐二人的文，本都出於《史記》，但各得《史記》的一部
份，所以二人有不同處。

劉熙載云：

太史公文，韓得其雄，歐得其逸。雄者善用直捷，故
發端便見出奇；逸者善用紆徐，故引緒乃覘入妙。

這是說明韓、歐的不同處。歐雖出於《史記》，而不全似《史

記》。他和《史記》的不同處，清初魏禧說得好：

> 歐文之妙，只在說而不說，說而又說，是以極吞吐、
> 往復、參差、離合之致。史遷加以超忽不羈，故其文特雄。

上面所引兩人的話，雖完全是舊式的文學家的口吻，但是他們的議論很精，我們不能因爲他太舊而不取。況魏禧的"說而不說，說而又說"兩句話，不但能是道出歐文的好處，亦可說是給人做認識抒情散文的標準。

現在我們要問：何謂說而不說？在舊文學裏通稱爲"含蓄"。就是不把自己要說的話充份說出來，不把自己要說的話直捷說出來，只是半吞半吐，令讀者從言外去領會。這是說理文及紀事文絕端不能允許的。前面第一章裏所說的作疑問語，就是說而不說。何謂說而又說？就是把同樣的意思重述一遍。在前面第一章我們也已經說明了。

歐陽修就是善於做這樣的文章的，所以歐陽修可以算一個極有名的抒情散文家。他的代表的作品，如《峴山亭記》云：

> 峴山臨漢上，望之隱然，蓋諸山之小者，而其名特著
> 於荊州者，豈非以其人哉！其人謂誰？

> 羊祜叔子、杜預元凱是已。方晉與吳以兵爭，常倚荊
> 州以爲重，而二子相繼於此，遂以平吳而成晉業，其功烈
> 已蓋於當世矣。至於風流餘韻，藹然被於江漢之間者，至
> 今人猶思之，而於思叔子也尤深。蓋元凱以其功，而叔子
> 以其仁。二字❶所爲雖不同，然皆足以垂於不朽。而❷頗疑
> 其反自汲汲於後世之名者，何哉？傳言叔子嘗登茲山，慨

---

❶ "字"當作"子"。——編者註
❷ "而"，一作"余"。——編者註

然語其屬，以謂"此山常在，而前世之士，皆以湮滅於無聞"，因自顧而悲傷。然獨不知茲山待已❶而名著也！元凱銘切於二石，一置茲山之上，一投漢水之淵。是知陵谷有變，而不知石有時而磨滅也。豈皆自喜具❷名之甚，而過爲無窮之慮歟？將自待者原，❸而所思者遠歟？山故有亭，世傳以爲叔子之所遊止也，故其屢廢而復興者，由後世慕其名，而思其人者多也。熙寧元年，余友人史君中輝，以光祿卿來守襄陽。明年，因亭之舊，廣而新之，既周以回廊之壯，又大其後軒，使與亭相稱。君知名當世，所至有聲，襄人安其政而樂從其遊也。因以君之官，名其後軒爲光祿堂，又欲紀其事於石，以與叔子、元凱之名並傳於久遠。君皆不能止也，乃來以記屬於予。余謂君知慕叔子之風，而襲其遺迹，則其爲人與其志之所存者可知矣！襄人愛君而安樂之如此，則君之爲政於襄者又可知矣！此襄人之所欲書也。若其左右山川之勝勢，與夫草木雲烟之杳靄，出沒於空曠有無之間，而可以備詩人之登高，寫離騷之極目者，宜其覽者自得之。至於亭屢廢興，或自有記，或不必究其詳者，皆不復道也。

又如《梅聖俞詩集序》的前面大半篇云：

予聞世謂詩人少達而多窮，夫豈然哉？蓋世所傳詩者，多出於古窮人之辭也。凡士之蘊其所有而不得施於世者，多喜自放於山巓水涯之外，見蟲魚草木、風雲鳥獸之狀類，

---

❶ "已"當作"己"。——編者註
❷ "具"，一作"其"。——編者註
❸ "原"，一作"厚"。——編者註

往往探其奇怪；內有憂思感憤之鬱積，其興於怨刺以道羈臣、寡婦之所歎，而寫人情之難言，蓋愈窮則愈工。然則非詩之能窮人，殆窮者而後工也。予友梅聖俞，少以蔭補為吏，累舉進士，輒仰於有司，用於州縣，凡十餘年。年今五十，猶從辟書為人之佐，鬱其所蓄，不得奮見於事業。其家宛陵，幼習於詩，自為童子，出語已驚其長老。既長，學乎六經仁義之說。其為文章，簡古純粹，不求苟說於世。世之人徒知其詩而已，然時無賢愚，語詩者必求之聖俞。聖俞亦自以其不得志者樂於詩而發之，故其平生所作，於詩尤多。世既知之矣，而未有薦於上者。昔王文康公嘗見而歎曰：“二百年無此作矣。”雖知之深，亦不果薦也。若使其幸得用於朝廷，作為雅頌，以歌詠大宋之功德；薦之清廟，而追商、周、魯頌之作者，豈不偉歟！奈何使其老不得志，而為窮者之詩，乃徒發於蟲魚物類、羈愁感歎之言。世徒喜其工，不知其窮之久而將老也！可不惜哉！（以下敍編輯聖俞詩集的經過，今略去）

這都是長篇抒情散文中絕妙的作品。

宋朝三蘇、王、曾的文，在後世都很有名，却是他們不一定是善作抒情散文。此外也有做抒情文的，但可以歐陽修為代表。

宋末受外國人的侵掠，從南遷鬧到亡國為止，這是中國歷史上一個極不幸的時代。却是趙翼的詩云：“國家不幸詩人幸，說到滄桑句便工。”意思就是說：“詩歌是痛苦的呼聲。在一個不幸的時代，能產生出許多好詩歌來。”抒情散文的實質，和詩歌完全相同，所以在外族鐵騎蹂躪之下，也有許多好的抒情散文被壓出來。有的是慷慨激昂的，起來反抗，有的是哽咽悽惻，語不成聲。在南宋以還，這一類的抒情散文很多。前者如岳飛的《五嶽祠盟記》便是，後者如鄭思肖的《一是居士傳》便是。

《五嶽祠盟記》云：

> 自中原板蕩，夷狄交侵。余發河朔，起自相台。總髮從軍，歷二百餘戰，雖未能遠入荒夷，洗蕩巢穴，亦且快國仇之萬一。今又提一旅孤軍，振起宜興；建康之戰，一鼓敗虜，恨未能使匹馬不回耳。故且養兵休卒，蓄銳待敵。嗣當激勵士卒，功期再戰，北踰沙漠，喋血虜庭盡屠夷種；迎二聖，歸京闕，取故地，上版圖。朝廷無虞，主上莫枕。余之願也。

《一是居士傳》云：

> 一是居士，大宋人也。生於宋，長於宋，死於宋。今天下人悉以為非趙氏天下，愚哉！嘗貫古今六合觀之，肇乎無天地之始，亙乎有天地之終。普天卒❶土，一草一木，吾見其皆大宋天下，不復知有皇帝、王霸、盜賊、夷狄，介乎其間。大宋，粹然一天也，不以有疆土而存，不以無疆土而亡；行造化，邁歷數，母萬物，而未始有極也。譬如孝子於其父，前乎無前，後乎無後，滿眼唯父與天同大；寧以生為在，死為不在邪？又寧見有二父邪？此"一是"之所在也？未死書死，誓其終也。故曰："死於宋。"一是者何？萬古不易之理也。由之行則我為主，天地鬼神咸聽其命；不然，天地鬼神反誅之。斷古今，定綱常，配至道，立眾事，自天子至於庶人，一皆不越於斯。苟能深造一是

---

❶ "卒"，疑為"率"。——編者註

之域，與天理周流，明而不惑，殺之亦不變，安能以偽富偽貴芻豢之。居士生而弗靈，幾淪於朽棄；長而明，始感父母恩異於他人，父母恩非數可算。性愛竹，嗜餐梅花。又喜觀雪，遇之，過於貧人獲至寶爲悅。不飲酒，嗜食菜，薦飯。得菜，欣然飯，速盡。有招之者，拒而不從，決不妄以足跡及人門。癖於詩，不肯與人唱和，懶則數歲不作。一興動，達旦不寐，作諷詠聲，辭多激烈意。詩成章，數高歌，輒淚下，若有不能以一朝自居。每棄忘生事，盡日逐幽閒之適，遇癡濁者則急去之。多遊僧舍，興盡，卽飄然；愜懷，終暮坐不去。寡與人合，間數月竟無至門者。獨往，獨來，獨處，獨坐，獨行，獨吟，獨笑，獨哭，抱貧愁居，與時爲仇讎。或癡如哆口不語，瞠目高視而僵立，衆環指笑，良不顧。常獨遊山水間，登絕頂，狂歌浩哭，氣潤霄碧；舉手掀舞，欲空其形而去。或告人以道，俗不耳其說，反嫌迂謬，率恥與之偕。破衣垢貌，晝行囈語，皇皇然若有求而弗獲。生成廢物，尙確持“一是”之理，欲衡古今天下事，咸歸於正。愚又甚衆人，宜乎舉世之人不識之。有識者，非眞識之；識其人，不識其心，非識也。能識“一是”之理，則眞識一是居士矣。奚以識其精神笑貌，然後謂識一是居士也歟？故作一是居士傳。

那時，又有一種由悲憤之極轉變而爲曠達的，如鄧牧的《寓屋壁記》《逆旅壁記》《永慶院記》等篇都是。今錄《寓屋壁記》如下：

杭在建國湖絕境。並湖而家數千，率貴臣邸第，毀民舍大者十九，惟佛寺僅存。易世以來，歌台舞榭，日就頹圮，僅存者或闢而廣，良有天數。壬午秋，余卜數椽葛嶺下，西湖、背山，景象清美。是屋介兩寺間，故往不爲強力者所并。鄰第迄毀，故今得湖山最多。俯仰三十年，非偶然者。客過問曰："西湖一勺水，閱興廢多矣！向之門豪競奢，而今安在？吾始也無生，本無父母、兄弟、妻子，而今也良有，目欲美色，耳欲聲音，身欲寧居。忽忽百年後，墳墓生荊棘；廬舍爲瓦礫，前日搖精神。逐瞀者，欲安知至此。君知其說乎？畫舫日數百，登酒肉，載歌舞，朝出水滸，夕至城闕，去則不知所之。君據梧而觀，亦有悟乎？"余亟取《離騷》案上鼓唇歌之，謝客曰："子往矣！無落吾事！"

鄭思肖和鄧牧的文，絕無嘆詞，絕無疑問語，絕無重複語，也無呼天呼父母語，幾乎和前面第一章所說的抒情散文的條件不合。其實，也沒有甚麼旁的關係，只不過是一種變態罷了。甚麼叫變態？譬如心有所感，欲哭、欲歎，乃是常態；至如哭不出而吞聲，歎不出而強笑，就是變態。我們明白這個道理，就可以明白鄭思肖、鄧牧的文了。

在明朝有個著名的、善於作抒情散文的，叫歸有光。他不但是明朝第一個散文作家，就是在全中國文學史上，也是少有的。因爲他的散文，完全從他那眞摯的性情中流露出來。如著名的《先妣事略》《思子亭記》《野鶴軒壁記》《見村樓記》《項脊軒記❶》等篇，所寫的都是父子、夫婦、朋友，生死離合之際，所不能自已之眞情。

如《先妣事略》中的一段云：

> 有功之生也，孺人比乳他子加健。然數顰蹙，顧諸婢

---

❶ "記"，當爲"誌"。後文逕改，不一一出註。——編者註

曰：“吾爲多子苦。”老嫗以杯水盛二螺進，曰：“飲此後，姙不數矣。”孺人舉之盡，喑不能言。正德八年五月二十三日，孺人卒。諸兒見家人泣，則隨之泣，然猶以爲母寢也。傷哉！

又如《項脊軒誌》中的一段云：

然予居於此，多可喜，亦多可悲。先是，庭中通南北爲一，迨諸父異爨，內外多置小門牆。往往而是，東犬西吠，客踰庖而宴，雞棲於廳庭中。始爲籬，已爲牆，凡再變矣。

家有老嫗，嘗居於此。嫗，先大母婢也，乳二世，先妣撫之甚厚。室西連於中閨，先妣嘗一至，嫗每謂予曰：“某所，而母立於茲。”嫗又曰：“汝姊在吾懷呱呱而泣，娘以指叩門扉曰：‘兒寒乎？欲食乎？’吾從板外相爲應答。”語未畢，余泣，嫗亦泣。

余自束髮讀書軒中。一日，大母過余曰：“吾兒！久不見若影，何竟日默默在此？大類女郎也！”比去，以手闔門自語曰：“吾家讀書久不效。兒之成，則可待乎！”頃之，持一象笏至，曰：“此吾祖太常公宣德間執此以朝，他日汝當用之。”瞻顧遺跡，如在昨日，令人長號不自禁。

我們讀了這兩段文，沒有不感動的。但是，仔細一考察他的話，都極平淡的，並沒有甚麼警闢的思想、奇特的格調。而不知愈是平淡處，愈是可以見得他的眞性情。

我們現在錄他一篇較短的全文如下。題爲《野鶴軒壁記》，文云：

嘉靖戊戌之春，予與諸友會文於野鶴軒。吾崑之馬鞍山，小而實奇。軒在山之麓，旁有泉，芳冽可飲。稍折而東多盤石。山之勝處，俗謂之東崖，亦謂劉龍洲墓，以宋劉過葬於此。墓在亂石中，從墓間仰視，蒼碧嶙峋，不見有土，惟石壁旁有小徑，蜿蜒出其上，莫測所往。意其間有仙人居也。始慈溪楊子器名父創此軒，令能好文、愛士，不爲俗吏者，稱名父，今奉以爲名父祠。嗟夫！名父豈知四十餘年之後，吾黨之聚於此耶！時會者六人，後至者二人。潘士英自嘉定來，汲泉，煮茗，翻爲主人。予等時時散去，士英獨與其徒處。烈風，暴雨，崖崩，石落，山鬼夜號，可念也。

他的抒情文是直接從《史記》得來。試看前人評論他的話，就可以知道：

> 王錫爵所作墓誌銘云：“先生於書無所不通，然其大指必取衷六經，而好太史公書。所爲抒寫懷抱之文，溫潤典麗，如清廟之瑟；一唱三歎，無意於感人，而歡愉慘惻之思，溢於言語之外。嗟歎之，淫佚之，自不能已已。”

> 方苞《書震川文集後》云：“震川之文，發於親舊，及人微而語無忌者，蓋多近古之文，不修飾而能情辭并得，使覽者惻然有隱。其氣韻蓋得之子長，故能取法歐、曾，而少更其形貌耳。”

> 姚鼐云：“於不要緊之題，說不要緊之語，却自風韻疏淡，是於太史公有深會處。”

> 曾國藩云：“歸文有寥寥短章，而逼眞《史記》者，乃其最高淡處。”

這些人的評論，都說他是出於《史記》。我們試讀《野鶴軒壁記》最後的一段"予等時時散去，士英獨與其徒處。烈風，暴雨，崖崩，石落，山鬼夜號，可念也"數句，就可以知道曾國藩說的"歸文有寥寥短章，而逼眞《史記》者，乃其最高淡處"，這番話是一點不錯的。

清朝的抒情散文，於清初可推施閏章、汪琬爲代表；於清末可推吳汝綸爲代表。不過，他們在文學史上的地位，不能和歸有光相等。其他桐城文中的方苞、姚鼐，雖說是出於《史記》，但他們注重在義法，缺少情感，不能算是抒情散文的高手。

我們現在錄施閏章、吳汝綸的文各一篇如下，以見一斑。

施閏章《馬李❶房詩序》云：

嗚呼！世之善詩而不傳者衆矣！布衣苦吟，不得志而死，身名俱歿，尤可慇焉。然名公鉅卿，著書滿牀，旋踵消滅，或反不如布衣之聲施者，蓋不可勝數也。以余所聞，馬生季房，廬陵之詩人也。郡乘逸其姓名。詢之故老，得遺草於其子天善。吉水施偉長尤亟稱季房詩。手寫百餘篇，雖播遷楚粵，出入鞍馬間，未嘗不齎以自隨，視其家所藏本，增十之三四。大抵清和秀善，有吳越間風味。五言古體，上窺三謝，髣髴其遺音，如幽巖瘦石，泉聲潺潺，芳草芊眠，足人留賞。嘗見劉殿撰孝則《錦鱗集》，多與馬生往還詩，極相推許。又嘗屬侍御邢公物色徵辟。及邢按部，堅臥不見。孝則高其行誼，卒之日，特爲表其墓。以是益知其詩可貴也。吉州兵火洊至，諸先達文字蕩然，而所謂城西馬生者，猶存遺草，爲之❷栝刮磨，拔其精美，而其風

---

❶ "李"當作"季"。——編者註
❷ 原字脫。——編者註

自此遠矣！嗚呼！馬生一布衣老死耳，平生知己貴人，相
繼零落，莫恤其子孫，所遺殘篇賸墨，狼藉莫爲愛惜；豈
知數十年後，忽有江左施子，爲之摩挲終日，留連三歎者
乎！孝則與季房酷愛金牛泉，嘗月夜攜鐺煮茗論詩，欲構
亭其上，卒不果。余癸卯冬，濬泉作亭，鑱石爲記，而未
獲聞其語，恨記中不及載。今得其詩讀之，如揖季房於亭
中而與之言也。彼雲月之夜，江楓沙露之間，若有人焉。
幅巾野服，戞然而長嘯者，非馬生也與？非馬生也與？

吳汝綸《跋蔣湘帆尺牘》云：

余過長崎，知事荒川君，一見如故交。荒川有舊藏中
國人蔣湘帆尺牘一册視余，囑爲題記。湘帆，名衡，自署
拙老人，在吾國未甚知名。而書甚工，竟流傳海外，爲識
者所藏弆，似有天幸者。鄉曲儒生，老死翰墨，名不出閭
巷者，曷可勝道！其事至可悲，而爲者不止，前後相望不
絕也！一藝之成，彼皆有以自得，不能執市人而共喻之，
傳不傳豈足道哉！得其遺跡者，雖曠世、殊域，皆流連慨
慕不能已，亦氣類之相感者然也。觀西士之藝術，爭新、
炫異，日襮之五都之市，以論定良窳，又別一風敎矣。

短篇的抒情散文　除了上文各章所說的長篇抒情散文以外，再
有一種短篇抒情散文，雖然寥寥數語，却能充份的表出作者的情
感來。

在舊式的"古文"裏，惟"書信"中有這樣的抒情散文。其次，
在"題跋"中也偶然有的，却不及書信爲多。這種書信，舊文學家
通稱爲"小簡"，又通稱爲"短簡"。

這種短簡，是早已有了，如戰國時秦昭王與平原君書云：

寡人聞君之高義，願與君爲布衣之交。君幸過寡人，
寡人願與君爲十日之飲。

就是一個例。後來兩漢至南北朝的短簡也很多，但以晉人的爲
最好。因兩漢還有意做得整齊，不及晉人的自然。晉人如王羲之的
《送橘帖》云：

送橘三百枚，霜未降，不可多得。

謝玄與兄云：

居家大都無所爲，正以垂綸爲事，足以永日。北固山
下，大有鱸魚。一出手，釣得四十九枚。

他們都是隨手寫來，毫沒著力，未嘗言情，而深情自在言外，
所以爲佳。唐宋兩代的作者皆不能及。

至於明人，更流於刻畫纖巧，未免小家習氣。如袁宗道與黃毅
庵云：

不聆兄笑語垂一年。花下清尊，燈前雅謔，俱爲夢
中事。

又王穉登答沈飛霞云：

沈郎瘦似黃花，纔對黃花便黯然相念。

又謝人借舟云：

客明州半月，大半在雨聲中。賴足下畫鷁，差委蛇，
不然，行李生蒼苔矣。

又胡之煥寄友云：

鼓枻渡江，清光漸遠。夜來江水添一篙，皆不佞相思
淚也。回首石城，茫然雲樹。

他們這樣的短簡，初一讀，未嘗不覺得很有意味；但是把他同
晉人的短簡一比，誰是大方，誰是小氣，誰耐細讀，誰不耐細讀，

我們在比較之後，就可以知道。

清人的作品，雖比明人較好，但沒有甚麼特點，這裏可不必多說。

總之，短篇的抒情散文，可到短簡中去找；而短簡以晉人爲最好。

現代的白話抒情散文　白話抒情散文，這個名稱，是對於古代的文言抒情散文而用的。這個名稱，原不能獨立的存在，今因對於古代的文言，而暫用這個名稱。這一層，我應該先向讀者聲明的。

從今以後，我們寫抒情散文，應該只用白話而不再用文言了。不過在今日，白話通行還沒有多少年代，故白話抒情散文還不多見。這過渡時代，正是新舊轉變的時代。最適宜於舉以爲例的，莫如《寄小讀者》一書。現在就從這書中節錄一段爲例如下。

小朋友：

滿廊的雪光，開讀了母親的來信，依然不能忍的流下幾滴淚。——四圍山上的層層的松枝，載着白絨般的很厚的雪，沉沉下垂，不時的掉下一兩片手掌大的雪塊，無聲的堆在雪地上。小松呵！你受造物的滋潤是過重了！我這過分的被愛的心，又將何處去交卸！

小朋友，可怪我告訴過你們許多事，竟不曾將我的母親介紹給你。——她是這麼一個母親：她的話句句使做兒女的人動心，她的字，一點一畫都使做兒女的人下淚！

我每次得她的信，都不曾預想到有什麼感觸的，而往往讀到中間，至少有一兩句使我心酸淚落。這樣深濃，這般沉摯，開天闢地的愛情呵！願普天下一切有知，都來頌讚！

以下節錄母親信內的話。小朋友，試當她是你自己的母親，你和她相離萬里，你讀的時候，你心中覺得怎樣？

我讀你"寄母親"的一首詩，我忍不住下淚。此後你多來信，我就安慰多了！

十月十八日

我心靈和你相連的，不論在做什麼事情，心中總是想起你來……

十月二十七日

我們是相依爲命的。不論你在什麼地方，做什麼事情，你母親的心魂，總繞在你的身旁，保護你撫抱你，使你安安穩穩一天一天的過去。

十一月九日

我每遇晚飯的時候，一出去看見你屋中電燈未息，就彷彿你在屋裏未來吃飯似的，就想叫你。猛憶，你不在家，我就很難過！

十一月二十二日

你的來信和相片，我差不多一天看了好幾次，讀了好幾回。到夜中睡覺的時候，自然是夢魂飛越在你的身旁。你想做母親的人，那個不思念她的孩子？……

十一月二十六日

經不過了幾次的酸楚，我忽發悲願，願世界上自始至終就沒有我，永滅母親的思念。一轉念，縱使沒有我，她還可有別的女孩子做她的女兒，她仍是一般的牽掛，不如世界上自始至終就沒有母親。——然而世界上古往今來有千萬億的母親，又當如何？且我的母親已經澈底的告訴我：
"做母親的人那個不思念她的孩子!"（原文很長，以下皆略
去）

這一篇通信，原文很長，不能照錄，只好節去。全部《寄小讀
者》二十九篇通信中，大半都是很好的抒情散文，更不能一一抄錄。
但只讀了上面所引的一節，已可知道現代抒情散文是怎樣的情形了，
也可知道他和古代的抒情散文比較起來又是怎樣的不同了。

再有《超人》和《綠天》兩書，中間也有幾篇可當抒情散文看。
又有《寸草心》一書，也是抒情散文。此外，見聞所未及的，暫不
多說了。

第二編　預備論

第一章　如何預備寫抒情散文

總論　我們無論做甚麼事，必先有預備。作文也有預備，寫抒情散文當然也有預備。不過，也有人說，寫抒情散文無所謂預備。因爲有了情感要發表，便寫；沒有情感要發表，就不寫。所以無用預備，也就無所謂預備。這話也很有理由。

那麼，到底要不要預備呢？我的意見，有兩種答復法：（1）知道用不著預備，就是預備。換一句話說，你在沒有動手寫之前，要明白這個道理，就是你的預備。這話也很簡單，用不著多說。（2）已經會作文的人，便不用預備；但在初學作文的人，不得不有所預備。換一句話說，抒情散文是本於情感，有情感，便寫；無情感，便不寫。然如何觸動情感、如何涵養情感等問題，這就是預備。

王蓴石作文的習慣　現在我且引幾段他人關於作文的話，來說明這個問題。先引王蓴石的故事。王蓴石，名猷定，字于一。蓴石是他的號。他是清初一個極著名的散文作家。那時候周亮工說王蓴石作文的習慣道：“于一未嘗輕落筆。意之所至，滔滔汩汩；意所不至，不復強爲。有經歲不成一字者。”這就是前面所說的有情感要發表，便寫；無情感要發表，就不寫了。

魏善伯的話 魏善伯，名際瑞，也是清初一個有名的散文作者。他在他的《伯子論文》裏，有一段說道：“人有呵欠、噴嚏，必舒肆震動而洩之。苟無是，而學爲張口伸腰，豈得快哉！文之格段、章句長短，亦復如是。”這一段話，雖然滑稽，却很確當。他雖然專指文之格段、章句長短而言，但對於一篇文的全體都適用。他雖然不曾指明是抒情文，但對於抒情文更爲適用。原來我們作抒情文，是因爲有了情感要發表時，才借文來發表，恰和要打呵欠，要打噴嚏，然後張口伸腰是一樣。倘然根本沒有情感要發表，只是看見人家作文，他便也要作，恰和勉強張口伸腰，學人家打呵欠、打噴嚏是一樣。豈不可笑！後來也有一句批評不好的文學作品的話，叫“無病呻吟”，也就是這個意思。

近人的話 近人像這一類的言論也不少。現在選錄陳衡哲女士的《小雨點》的自序一段，以爲代表：

> 我旣不是文學家，更不是什麼小說家，我的小說不過是一種內心衝動的產品。他們旣沒有師承，也沒有派別，他們是不中文學家的規矩、繩墨的。他們存在的唯一理由，是眞誠，是人類情感的共同與至誠。

> 我每作一篇小說，必是由於內心的被擾。那時我的心中，好像有無數不能自己現表的人物，在那裏硬迫軟求的，要我替他們說話。他們或是小孩子，或是已死的人，或是程度甚低的苦人，或是我們所目爲沒有智識的萬物，或是蘊苦含痛而不肯自己說話的人。他們的種類雖多，性質雖雜，但他們的喜怒哀樂却都是十分誠懇的。他們求我，迫

我，攪擾我，使得我寢食不安，必待我把他們的志意情感，
一一的表達出來之後，才讓我恢復自由！他們是我作小說
的唯一動機。他們來時，我一月可作數篇；他們若不來，
我可以三年不寫隻字。這個攪擾我的勢力，便是我所說的
人類情感的共同與至誠。

在他的原文，雖然是指明了是對於小說而言，但是，這番話對
於抒情文也適用，而且比較的更適用。他的原文說得很明白，不用
我們再加說明了。

鄭綮的故事　鄭綮是唐代的一個詩人。一天，有人問他：“近來
作詩不作詩？”他答道：“我的詩思，在灞橋風雪驢子背上。這裏如
何會有詩！”他的意思，就是說：如要做詩，是應該於風雪天，騎了
驢子，往灞橋去找詩料的。這裏如何有詩！他坐在家裏做不出詩，
一騎了驢子，一到了灞橋，就做得出詩了。這是甚麼道理呢？就是
坐在家裏，情感不觸動，所以就做不出詩；一到灞橋，一嘗試了風
雪中騎驢子的風味，情感便被觸動了，就自然而然的會做出詩來。
做詩是這樣，做抒情散文也是這樣。這就是我前面所說的如何觸動
情感了。

蘇東坡的話　蘇東坡的《臘日遊孤山》詩，末四句道：“茲遊淡
薄歡有餘，到家恍如夢蘧蘧。作詩火急追亡逋，清景一失後難摹。”
他的“作詩火急追亡逋”一句，是說作詩的人，一旦情感觸了，就
趕緊要寫。倘然延擱下來，興致退了，再要寫，便寫不成了。他把
寫詩比如追亡逋，是何等的緊急！這話適用於作詩，也適用於作抒
情散文。所也❶我把他拉來放在這裏講。簡單的說，就是情感觸動了

---

❶　“也”，疑為“以”之誤。——編者註

以後，趕緊要做。這個道理，作者也須在作文之前，預先明白了，到臨時才捉得住，而不至於讓"文"逃了。

梅伯言的話　梅曾亮，字伯言。他是清代一個著名的散文作家。他的《盋山餘霞閣記》，中間有一段說道："文在天地，如雲物烟景焉，一俯仰之間，而遁乎萬里之外。故善爲文者，無失其機。"他的見解，和蘇東坡是一樣。也是說情感一觸動了，就趕緊要寫；倘然在這時候不寫，好好的文，便如雲烟一般的消散了。作文的人，要在作文以前，預先知道這種情形。這也就是預備。

我的預備論　以上所引的幾個人的話，我是隨便想到，隨便寫的。此外相似的話還多，但是，我一時沒有想到，也就沒有寫了。至於我的預備論是怎樣呢？我以爲作抒情散文的預備，就是情感的預備：（1）情感的觸動；（2）情感的涵養；（3）情感的測度。這是一個大綱，詳細的情形如何，待在下面分章說明。

第二章　情感的觸動

總論　抒情散文本於情感，情感就是文，文就是情感。蘊藏在胸中，沒有發表出來，就是情感；發表出來，寫在紙上，就是文。所以文與情感是一物而非二物。情感是人人有的，不論智、愚、賢、不肖，沒有一個人沒有情感。但是沒有外物來感觸他，他便不動。所以朱子的《詩序》上說："人生而靜，天之性也。感於物而動，性之欲也。"倘然我們要做一個修道學仙的人，那就要無見無聞，使一切外物，沒有機會觸動我們的情感；雖或有見有聞，亦必見如未見，聞如未聞，使我們的情感能不被外物所觸動。但是你如要做一個文人，你就不能像修道學仙的人一樣。倘然像修道學仙的人一樣，你的情感便永遠不觸動，你便永遠做不出抒情文來。雖然不必有意去尋煩惱，以作悲歌痛哭的材料，然在相當的程度之下，與外物的接觸，是必不可少的。大概情感的觸動，不外乎下面所述的各種：(1) 感物；(2) 感事；(3) 懷人；(4) 弔古；(5) 間接的觸動。第一至第四都是直接的觸動，只有第五種是間接的觸動。

感物　感物，就是觸著外界的靜物，而動了你的情感。這種例很多，隨便寫幾個如下：

(1) 秋天的夜裏，看見月亮而覺得可愛。

(2) 遇見大雷雨而覺得可怕。

(3) 出門的人，夜裏聽見雨聲，愈感覺得淒寂。

(4) 久雨之後，看見太陽，覺得快樂。

(5) 久客他鄉的人，回家來，看見故鄉的山色，覺得可喜。

(6) 在荒塚間，看見死人的髑髏，覺得可悲。

(7) 其他。

我們倘然關起門來，座在家裏，隨便甚麼都看不見，隨便甚麼都聽不見，也就無所謂愛，無所謂怕，無所謂喜，無所❶悲，無所謂……那也就寫不出抒情文。勉強寫，也寫不好。就是古語所說的"無病呻吟"。

感事　感事，也和感物一樣，是觸著外界的事，而動了你的情感。這種例也很多，隨便寫幾個如下：

(1) 聽見祖國同胞在外國被人欺侮，而覺得可憤。

(2) 看見路旁的老年乞丐，伸手向我們討錢，而覺得

---

❶ 疑脫一"謂"字。——編者註

可憐。

（3）看見強者欺侮弱者，而爲之代抱不平。

（4）自己被人誣陷，忽然辨白了，而爲之一快。

（5）久客他鄉，聽見故鄉來的人說，家鄉情形都好，而爲之一慰。

（6）自己的事被人家弄壞了，而覺得可恨。

（7）其他。

凡此種種的情感，也不是關起門來，無見無聞，所能觸動的。必須與外面的事情接觸了，而後能彀觸動；必須情感觸動了，而後能彀寫成抒情文。

懷人　懷人，就是因爲和朋友或家人分別了，而思念他們，因而觸動情感。其例如下：

（1）自己出門在外，思念家中的父母、兄弟等。

（2）自己在家，父母、兄弟等出門，因而思念他們。

（3）思念隔開在遠地方的朋友。

（4）思念已死的父母、兄弟等。

（5）思念已死的朋友。

（6）臨別時的依依不捨，也可歸入此類。

（7）其他相似的懷人的情形。

所懷的人，大概不外乎家族與朋友。所以懷的緣故，大概不外乎"死別"和"生離"。當然不能憑空造出這種文料來，作抒情文；然必須先有了這種情感，而後能作抒情文。

吊古　吊古，是看見古人的遺跡，因而觸動了你的情感。其例如下：

（1）遊西湖孤山而憑弔小青。

（2）遊西臺而弔謝翱。

（3）遊孔林而景仰孔子。

（4）泛長江，過采石，而懷李太白。

（5）錢塘江觀潮，而弔吳越興亡。

（6）過貝加爾湖而懷蘇武。

（7）其他。

凡此種種，必須親臨其地，親見其遺跡，我們的情感才能觸動。雖然坐在家裏不出門，單是讀讀他人的遊記，或讀讀古人的傳記，也可以觸動我們的弔古的情感，但總不及親臨其地、親見其遺跡的眞切。所寫出來的抒情文，也自然是後者勝於前者。

間接的觸動　間接的觸動，就是自己的情感，不是直接的因外物而觸動，是讀了他人的抒情文，因而觸動。譬秋天的天氣，本來容易使人發生悲的情感；然一般的人，到了秋天，倒也不覺得有甚麼，待他一讀了宋玉的文"悲哉秋之爲氣也"，他也就覺得秋可悲了。據我的記憶力所及，好像在宋玉以前，沒有人說起秋氣可悲。自從有了宋玉這一句名句以後，做詩詞或做散文的人，就不斷的說秋氣可悲了。這都是受了宋玉的影響。也就是我所說的情感間接的觸動了。倘使我們認悲秋是不好，那麼，宋玉的這句名句，就恰如傳染病，一個傳十，十個傳百，於是二千年來，產生了無數的悲觀的文人。從這一點看來，我們可以知道間接的觸動，他的力量是很大的。

各人的情感不同　人人都有情感，每個人的情感，都是觸於外物而後動。外物固然有種種的不同，而情感的本身，也有種種的不同。前面各節所舉的各例，乃是大概的情形，並不是說一定如此。譬如秋天的夜裏，看見月亮，而覺得可愛，這是普通的情形。也許有人，他在秋天的夜裏，看見月亮，是覺得可厭。秋天夜裏的雨聲，聽了覺得可厭，這是普通的情形；然也許有人，是喜歡聽的。這個道理，章學誠在他的《文史通義》裏，說得最明白。他說道：

> 此如懷人見月而思，月豈必主遠懷；久客聽雨而悲，雨豈必有愁況！然而月下之懷，雨中之感，豈非天地至文！而欲以此感、此懷，藏爲秘密，或欲嘉惠後學，以爲凡對明月與聽霏雨，必須用此悲感，方可領略，則適當良友乍逢，及新婚宴爾之人，必不信矣。

我們讀了這一段話，可以知道情感雖然是觸於外物而後動，然情感各人不同，並非機械的，因外物而或悲或喜。換一句話說，並不是簡單的受外物的支配。

情感觸動的總表 以上各節，說明我們的情感，或因物而動，或因事而動。我們分爲感物、感事、懷人、吊古四類；此外，又有間接的觸動。形情很是複雜。而感物、感事等四類，性質也不相同。今爲便於一覽起見，列一表如下：

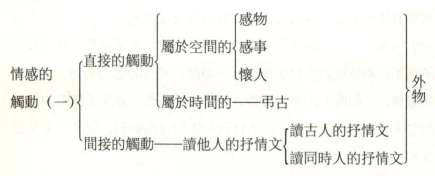

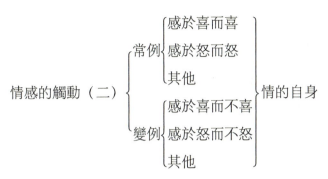

感物、感事等的錯雜　我們在前面，把情感觸動分爲四類，叫感物、感事、懷人、弔古，這是一種理論上的話。如在事實上，不見得能殼分得這樣的清楚。譬如見一物而觸動情感，我們可稱爲感物；而這物又有歷史的關係，同時我們又由感物轉而到弔古了。又如我們遇一事而觸動情感，我們稱爲感事；而這事又和某某人有關係，同時我們又由感事轉而到懷人了。

我們的情感，大概是如此綜合錯雜、變化不可測。單純的情感是很少有的。關於這一層，我們可舉幾篇文爲例如下。

西山唱和詩序

湯斌

宋子牧仲游西山歸，示予詩一卷，而屬爲序。

余謂山水文章，恆相因也。謝康樂赤石、麻源諸詩，岡嶺谿澗，松竹猿鳥，讀者歷歷如見。元次山道州諸詩，柳子厚柳州、永州諸記亦然。獨怪終南去京兆爲近，唐世號多詩人，遊南山詩，彷彿康樂、元、柳者殊不多見也。豈士大夫身處京華日僕僕緇塵，遂不暇窮山水之勝與？抑或縈情圭組，不能心跡雙清，雖游而詩亦不工與？

牧仲官西曹，稱繁劇，更盡心職業。嘗爭疑獄數大案，似不暇游，又清羸善病，而乃於休沐之頃，呼朋攜子，極登臨之樂。其詩與康樂、元、柳不必盡同，要之蕭閒澹遠，無長安貴游繁囂氣習。披覽一過，烟雲杳靄，繚繞几席間，信牧仲於山水文章有深情也。

余入京師且數年，埋頭史局，忽忽無意緒。每薄暮下直，信馬垂鞭，望西山暝色，輒疑目久之，而不果一往。今序牧仲詩，余滋媿矣！

這篇文，是湯斌替宋牧仲做《西山唱和詩》序。他因爲讀了宋牧仲等人游山的詩，而恨自己不能游西山。全篇重要的意思，只在末一段；全篇的好處，也只在末一段。他的情是感於事而動的。就是看見人家游西山，而自己不能游，觸動了這種情感，不得不發抒出來，便寫成這一篇文。這篇文是極單純的屬於感事。不過也可以說，他的情是間接的觸動的，而不是直接的觸動的。

寒碧琴記

王獻定

余幼嗜琴，聞四方有蓄，必造觀，然佳者往往不多見。余論琴頗與人異。審其質以考聲，而知陰陽之所自生；察其形以驗氣，而知清濁之所由出。故琴之有當於余者，百不得一二。

癸巳春，楊公木子來廣陵，聞蓄琴甚善，過公求觀。啟其函，則鏗然石也。公曰："子識之乎？此蘇子由之寒碧也。子由有《寒碧琴說》，子爲我記焉。昔子瞻爲登州司戶參軍，子由省之，攜琴游大海，舟覆，琴墮海。後萬❶麗人得之，獻其王，王視爲蘇氏物也，藏之數百年。迨明崇禎

---

❶ "萬"當作"高"。——編者註

間，高麗困於兵，請援，上遣總兵黃某帥師救之。高麗戴
天子德意，而以黃帥之有勞於其國也，賚予甚腆，濒行復
贈以琴，遂復還中國。其後黃帥道淮上，總漕路公聞之，
易以良馬，不可。黃帥沒，其子辟亂，懷琴渡江。至金山，
聞北兵南下，益惶懼，匣琴係以鐵緪，墮郭公墓下，沉諸
江者三年。黃子有姊甚貧困，告姊曰：‘吾無能爲姊計，有
先人之所寶者，足朝夕矣。’乃告以琴所在，遣人取之，其
姊謀而售焉。”

　　王子曰：“茲琴也，失於海，沉於江，淹於屬國，其瀕
於危者亦屢矣。辛而復返於中國，使又不幸而終於擊劍、
負販之徒，無寧其在江海也。而今得公而託焉，公其毋易
視此石之鏗然者也！”公曰：“諾。吾將歸而藏諸南岐、紫
陌之山矣。”

　　琴長三尺四寸，闊六寸，缺兩足。

這篇題爲《記寒碧琴》。但中間也有發抒情感的話。他的情當然
是感於物（琴）而動的。在我們所說的四類之內，是屬於感物。然
而這寒碧琴乃是蘇子由的故物，遺失於外國，外國復贈送給中國人，
中國人又沈之於江中；或得或失，或出或沒，莫不和國家的興亡有
極密切的關係。而作者王猷定又是明代的遺民，眼見前代故物，如
何能不動情！說到蘇子由，便從感物兼及懷人；說到明清的盛衰興
亡，便由感物懷人，而轉到弔古了。所以這篇文是很複雜的，不是
單純的。是感物，是懷人，而究竟是弔古的部份居多。

　　　　見村樓記

　　　　歸有光

　　崑山治城之隍，咸云即古婁江。然婁江已湮，以隍爲

江，未必然也。

吳淞江自太湖西來北向，若將趨入縣城，未二十里若抱、若折，遂東南入於海。江之將南折也，背折而爲新洋江。新洋江東數里，有地名羅巷村。亡友李中丞先世居於此，因自號爲羅村云。

中丞遊宦二十餘年。幼子延實，產於江右南昌之官廨。其後每遷官，輒隨。歷東兗、汴、楚之境，自岱岳、嵩山、匡廬、衡山、瀟、湘、洞庭之渚，延實無不識也。獨於羅巷村者，生平猶昧之。

中丞既謝世，延實卜居縣城之東南門內金潼港。有樓翼然出於城闉之上，前俯隍水。遙望三面，皆吳淞江之野，塘浦縱橫，田塍如畫，而村墟遠近映帶。延實日焚香灑掃，讀書其中，而名其樓曰見村。

余間過之，延實爲具飱。念昔與中丞遊，時時至其故宅所謂南樓者，相與飲酒、論文；忽忽二紀，不意遂已隔世。今獨對其幼子飱，悲悵者久之。城外有橋，余常與中丞出郭造故人方思曾。時其不在，相與憑檻，常至暮，悵然而反。今兩人者皆亡，而延實之樓，即方氏之故廬，予能無感乎！

這篇文寫見村樓是感事，追述李羅村事是懷人。可說由感事與懷人綜合而成的一篇文。

管夫人畫竹記

侯方域

曹州余尉，出畫竹一軸以示余曰："此元管夫人所作也，出自大內。明亡後，游燕市而得之。"

嗚呼！余聞書畫之在大內也，中貴人掌之，玉其櫝而金其縅，而猶誌之以別璽曰“秘閣之寶”；今出自天子之宮，而入尉之手，廢興之故，可以感矣！然方其在大內也，雖玉櫝而金縅，而天子倦萬幾，或終歲不觀；暇則妬寵工媚者各趨而前，書畫不能以其落寞爭也。雖中貴人掌之，而彼日徒營爲酒食醉飽，則鬪鷄馴貓，亦不知觀；而天下之文雅鑒賞者，固雖欲觀之，而祕閣禁嚴，不能到也。是終無由見知於世也。方且眞僞雜而美惡溷，不過榮其外而已。尉乃鑒之，別之，愛之，重之，與天下之有識者更拂拭而贊歎之。故天下之物，有不必榮於天子之宮，而紬於尉之手者。嗚呼！遇合之道，誠難與俗人言也。

尉又云：“今太保宋公，嘗見而欲得之。詭辭以歲久剝落，將入吳中求國工裝之以獻。時尉方求補官，舍於太保之館，因遂逡巡以去。其後數見太保，問輒曰：‘畫固在乎？曾求國工治裝乎？’言之而笑。尉終不獻，太保亦不更索也。”

嗚呼！尉誠高矣。若太保者不具論，倘亦所謂不貪爲寶者乎！

余嘗觀之，其絹細密有堅致，非近世所能爲。竹瀟洒神韻，旁有石歷落而遠，其爲管夫人作無疑。管夫人者，趙文敏之妻也。文敏以宋宗姓仕元爲顯官，今所傳者翰墨滿天下，豈當時矜重而求索不獲辭耶？抑文敏夫婦借以寫其彼黍離離之感耶？何其有閒情而爲此也？然當時仕之以顯官，矜重其翰墨，而卒使之消遣於藝事，不憂，不戚，夫婦偕老。嗚呼！當時之所以待勝國者厚矣。

凡此皆其可記者也，余因爲之記。

這篇文也很複雜。見畫竹是感物，說到趙子昂與管夫人是懷人，說到南宋亡國之感，是弔古。這可說是由感物、懷人、弔古綜合而成的一篇文。

第三章　情感的涵養

總論　我們從前一章，所得到的結論是：情感是人人有的，必須感於外物而後動；情感發動了，而後能寫成抒情文。但是除此之外，我們對於情感，也有涵養的必要。所謂涵養，大約是如下：（1）不要濫用；（2）不要用盡；（3）不要被理智所消滅。

不要濫用　不要濫用情感，換一句話說，就是：不要濫作文，必須遇到值得作抒情文的事而後作，必須到了不得不寫的時候而後寫。如此，寫成的文才能好。倘然濫用情感，濫寫抒情文，一定寫不好。輕易許諾的人，往往不能守信；濫言戀愛的人，必沒有眞愛。作文也是這樣。濫作抒情文的人，必作不出好文。

不要用盡　情感不要用盡，方能保持得長久。朱子註《黍稷》一篇，引元城劉氏的話，說得最好。他說道：

常人之情，於憂樂之事，初遇之，則其心變焉；次遇之，則其變少衰；三遇之，則其心如常矣。至於君子忠厚之情則不然。……所感之心，終始如一，不少變而愈深。此則詩人之意也。

始終不變，方是忠厚之情。然必須初次不要用盡，方能持久。若初次一洩無遺，以後便難乎爲繼。所以情感不要用盡，便成了作抒情文的一個條件。

不過，用情不盡，同時有一個缺點，就是情感不熱烈。這一點是個很大的問題。拿中國的抒情文同西洋的抒情文比較起來，總覺得西洋抒情文的情感熱烈，而中國抒情文的情感冷淡。有人便以此斷定中國的抒情文不好。其實這是一方面的話。倘然根據我前面的話來評判，熱烈便不能持久，必須冷淡方能持久，則冷淡不能算不好。究竟西洋抒情文中的情感，是否持久不衰，這確不敢輕下斷語。但是照中國的習慣看，熱烈的不能持久，冷淡的能持久，幾乎成了不易之理。而中國的文人，也莫不主張情不用盡、話不說盡，在他們稱爲“含蓄”。

我的意見，抒情散文可以是情不用盡、話不說盡。然也非必須情不用盡、話不說盡。冷淡的固然可以持久，然而熱烈的在短時期內感人的力量，也格外的大。兩者可以並行。但有一件事要附帶說明。以前中國文人，多誤會了，以爲無論甚麼文，都要話不說盡。却不知說明文及論辨文，是應該說盡的，愈說得盡愈好。前人既已誤會，不必說了；但恐今人仍是有誤會的，特爲附帶說明幾句。讀者幸勿以爲我說到題目外面去了。

情感不要被理智所消滅　抒情文是本於情感。然情感和理智是衝突的。理智的程度增高一分，便能使情感的程度減低一分；理智的程度愈是高，情感的程度愈是低。不識字的鄉下人，隨口唱的山歌，往往非讀書明理的人所能學得到，就是這個道理。

譬如沒有科學知識的人，仰頭看見明月，深信不疑的，以爲月亮中有玉樓、銀闕，名叫廣寒宮，宮中住著無數的仙女；又以爲月亮中有嫦娥，有兎子在那裏搗藥；又以爲月中有一株桂樹，有吳剛在那裏用斧頭砍伐桂樹。種種的幻想，使得他發生種種變化不可測的情感。把這種種情感寫成抒情文，就成爲絕妙的作品。照科學說起來，這都是迷信，是應該破除的。然照文學說，無妨迷信，而且迷信的程度愈深愈好。

倘然這個望月的人，一旦懂了科學，他知道月亮不過是個死氣沈沈，沒有一毫生機的世界；知道月亮的一明一暗，不過是借著日光，或借不著日光的關係。如此對於科學的知識，可說是有了，但是叫他寫一點文學作品，決不及那迷信的人寫得好。

這一個例，能彀充份的證明理智能消滅情感的道理。從另一方面說，我們固然要破除迷信，要信仰科學，要增高理智的程度，但是單就文學而論，又不能讓理智消滅情感。

這當然是一件衝突的事。顧了這一面，顧不到那一面；顧了那一面，顧不到這一面。我的意見是如下：

　　我們固然增高我們的理智程度，但是作抒情文的時候，
應該暫時把理智的程度壓低，而不要使我們的情感永遠被
理智消滅了。

第四章　情感的測度

總論　所謂情感的測度，就是我們自己常常測度我們的情感是甚麼程度。因此，便可以知道我們所寫的抒情文有多少價值。同時，也可以測度他人的情感是甚麼程度，而品評他們所寫的抒情文有多少價值。必須自己的力量寫得出有價值的文時而後寫，方不至於寫成無聊的文。怎樣測度呢？（1）測度情感的深淺；（2）測驗情感的眞假。

測度情感的深淺　我們感於物而動的情，有深，有淺。如要測度他的深淺，只看所感的外物和我們的關係深不深，便可知道。譬

如遇見一個不相識的人，因爲遇著水災，在路上討飯，我們固然覺得他可憐，但是，這種情感是不十分深的。倘然這個遇著水災在路上討飯的人，和我們有朋友或親戚的關係，那麼，我們可憐他的情感，便要更深了。倘然這個人是我們的兄弟或兒女，那麼我們對於他的情感越發深了。總說一句，這個人和我們的關係的深淺，和我們被他所感而動的情的深淺，是一個正比例，除了兩方面有特別的情形是例外。如此，情感的深淺，是可以測度的了。而情感的深淺，和所寫的抒情文的好不好，又是一個正比例。如此，寫成的文的價值如何，也可以預先測定了。

測驗情感的眞假　情感有深有淺，上面已經說過了。而情感除了深淺之外，再有眞假。眞假和深淺相似而不同。譬如我們可憐一個不相識的難民，我們的情感雖然很淺，却是眞情。倘然我們遇到一個浮泛之交的朋友死了，因爲對付他的訃聞的關係，不得不送他一付輓對，或一首輓詩；聯中或詩中雖然塡滿了傷心流淚的字，但是，這種情感，不是眞的情感，乃是假的情感。叫化子假裝爛脚，賴學的小孩子假裝頭痛，妓女送客假裝哭……雖然是所裝的各各不同，而其爲假則無不同。情感的眞假，我們只消在這個人的四周圍細細的考察，便可看得出。譬如這個人的言行自相矛盾，那麼，他的話必是假的。或者他的話前後自相矛盾，那麼，他的話也是假的。情感的眞假，和他所寫成的文好不好，也是一個正比例。所以，我們從情感的眞假上，也可以預測他所寫成的文的價值如何。

第三編　方法論

第一章　如何寫抒情散文

總論　前一編說明白了預備寫抒情散文。這一編是說如何動筆寫抒情散文。換一句話說，就是寫的方法。在舊的方面，有所謂"古文筆法"，有所謂"古文義法"，有所謂"賦興比"，有所謂"古文四象"，等等。在新的方面，便是修辭學和各種主義等。這些名稱，雖然是一般的文學裏的名詞，不是抒情散文裏所專有的名詞，然抒情散文是包括在一般的文學作品以內，所以這些名稱也適用於抒情散文。不過，我這裏並不是採取這些方法的任何一種，只不過把他略說一下。

所謂古文筆法　所謂"古文筆法"，就是用筆的方法。如何"起"？如何"結"？如何"抑"？如何"揚"？如何"頓"？如何"挫"？如何如何，說得很詳細。不過，照現代的眼光看起來，這些方法，無非是所謂"繞筆頭"。我們學會了"繞筆頭"，可以做得出清通流麗的文章，但不一定能做得出好的抒情散文。按照"筆法"去作文，笨拙的人，苦被筆法所束縛，而做不出好文來；聰明的人，往往只學會了空調。

所謂古文義法　"古文義法"，也和"筆法"的性質差不多，不過程度高一些。在舊時候人家是很重視他的，不過，照現代的眼光看起來，也是不對。

賦興比　"賦興比"，雖然是詩歌裏用的名詞，然抒情散文與詩歌有相同之點，所以這三個字也適用於抒情散文。"賦"，就是直陳其情。"興"，就是從他事他物說起，慢慢的說到自己的情感。"比"，就是借他事他物，發抒自己的情感，舊通稱爲"借題目做文章"，又稱爲"借人家的酒，澆自己的塊磊"。換一句說，就是面子上說得是人家，骨子裏說得是自己。

所謂古文四象　所謂"四象"，這個名詞，太抽象了。他是根於"陰""陽"二字而來的。從"陰""陽"分化而爲"太陰"，"太陽"，"少陰"，"少陽"，而稱爲"四象"。所以要說明"四象"，不如先說"陰""陽"。"陰""陽"二字，也可用其他相當的名詞來代替，如"剛""柔"，"硬性""輭性"等便是。

修辭法　這是大家所知道的，不必多說。關於修辭學，另有專書。一切的文學作品，都要用修辭方法，當然，抒情散文也要用修辭方法。不過，另有專書，我這裏不多說了。

各種主義　這就是文學上的各種主義，如"浪漫主義"，"象徵主義"等便是。雖然"主義"和"作法"不能混爲一談，但其中也有互相關係之點。例如"象徵主義"和修辭學中的"比喻"和"賦興比"中的"比"，是差不多。關於文學上的各種主義，另有專書，這裏也不能多說。讀者如欲讀一讀這類書，就我所知，以《近代文學 ABC》爲佳。

我的方法論　根據上文所言，舊的方法既無足取（至少也須變

65

通），而修辭學及各種主義，又不能說他就是寫抒情散文的方法。那麼，寫抒情散文的方法是怎樣呢？我的意見是如下：

> 必須先有了很深的情感，很真的情感，然後讓他流露出來。至於寫的方法，從一方面說，不外是"明寫"或"暗寫"；從另一方面說，不外是"率直的寫法"和"婉轉的寫法"。

不過另外有一個注意點，就是所用的方法，是要跟著所抒的情而不同。例如抒憤怒之情，多用"明寫"，多用"率直的寫法"；抒憂鬱之情，多用"暗寫"，多用"婉轉的寫法"。這是一定的道理。

此外再有一點要注意。所用的方法，也跟著作者的個性、環境、時代、年齡、性別等而不同。例如個性剛強的作者，多用"明寫"，多用"率直的寫法"；個性柔弱的作者，多用"暗寫"，多用"婉轉的寫法"；少年的作者，文筆稚弱而流麗，善於用"婉轉的寫法"；老年的作者，文筆老鍊而簡當，宜於用"率直的寫法"。其他環境、時代、性別等，都有關係。

現在我們再把新舊各個名詞比較一下，列一個表如下：

明　寫	賦	陽	
暗　寫	比	陰	象　徵

率直的寫法	陽	剛	硬　性	壯　美
婉轉的寫法	陰	柔	軟　性	優　美

我們再假定一個例，看這篇抒情文是怎樣的寫法？

所表的情	是憐憫	應用婉轉的寫法
作者個性	剛　強	善用率直的寫法
作者環境	受壓迫而無法反抗	宜用婉轉的寫法
作者時代	太平時代而講禁忌	宜用婉轉的寫法
作者年齡	二十歲	善於用婉轉的寫法
作者性別	男	善於用率直的寫法

這篇抒情散文的結果是怎樣呢？我想他所用的方法，應該是六分之二是用“率直的寫法”，六分之四是用“婉轉的寫法”。

照此看來，我們作一篇抒情散文，所用的方法，大多數是複雜的，絕少單純的。簡直可以說，都是複雜的，沒有單純的。

不過，我們在這裏講方法，不能不以各種單純的方法為單位。現在把“明寫”，“暗寫”，“率直”，“婉轉”各法，分別說明如下。

第二章　明寫法

明寫的說明　所謂“明寫”，就是把所有的情感明明白白的寫出來。既不願意有所掩蔽，而抒寫的技能，也能彀寫得出。這是很容易明白的，不必多說。

至於有所掩蔽的，那就不能明寫，只好暗寫。他所以要掩蔽的原因，也不止　種，現在只舉　種為例如下。

錢大昕說：“太史公《報任安書》，不敢言漢待功臣之薄。而李少卿《答蘇武書》，於韓、彭、周、魏、李廣諸人之枉，剴切言之。”這裏說司馬遷與李陵二人，一個不敢說，便要掩蔽；一個敢說，而不怕忌諱。我的意見，並不是司馬遷不想說漢待功臣之薄，也不是司馬遷的膽比李陵小，只是因爲兩人所處的環境不同。司馬遷在中國，自然不敢說；李陵在外國，自然敢剴切言之。然司馬遷既不敢明言，却又不肯不言，於是借古人來發自己的牢騷。《史記》中的《伯夷列傳》《屈原列傳》，多半是發自己的牢騷的話，不過是借古人做題目罷了。

這不過是"不明說"的一個例。他例尙多，不必徧舉。反轉來說，一切不顧，要說就說，爽爽快快的說，那就是明寫。曾國藩道："文章不可不放膽做。昔人謂文忌爽，非也。孟子乃文之至爽者。"呂璜《初月樓古文緒論》，也有這話，說："文章不可不放膽做。"他們二人的話，都是主張"明寫"的。

清人劉熙載《文概》說道："歐文優游有餘，蘇文昭晰無疑。"他所謂"優游"，就是我們這裏所說的"婉轉的寫法"；他所謂"昭晰"，就是我們這裏所說的"明寫"。

孟子的文爽，是孟子善於明寫。蘇文昭晰，是東坡也是善於明寫的。不過，孟子的文，全是說明文和論辯文，不是抒情文；蘇文也大概是說明文和論辯文，抒情的不多。

明寫法之一例　現在我們試舉一篇明寫的抒情文爲例如下。

這是民國前一年廣州起義時烈士林覺民寫給他妻的家書。照一般的人情說，"死"是一件甚麼事？把自己的"死的消息"告訴親愛的妻，是一件甚麼事？怎樣好明明白白、爽爽快快的告訴？將不知是怎樣的提筆躊躇而不能下，將不知怎樣的吞吞吐吐、欲言而不言。然而我們的林烈士，却不是如此。他開頭就說："吾今以此書與汝永別矣！"這究竟是烈士的口吻，而不是他人所能勉强學到的。現在我們看他全篇是怎樣！

　　意映卿卿如晤：吾今以此書與汝永別矣！吾作此書時，尚爲世中一人；汝看此書時，吾已成爲陰間一鬼。吾作此書，淚珠和筆墨齊下，不能書竟而欲擱筆；又恐汝不察吾衷，謂吾舍汝而死，謂吾不知汝之不欲吾死也，故遂忍悲爲汝言之。

　　吾至愛汝！卽此“愛汝”一念，使吾勇於死就也。吾自遇汝以來，常願天下有情人都成眷屬。然徧地腥羶、滿街狼犬，稱心快意，幾家能彀？司馬青衫，吾不能學太上之忘情也。語云：“仁者，老吾老以及人之老，幼吾幼以及人之幼。”吾充吾愛汝之心，助天下人愛其所愛，所以敢先汝而死，不顧汝也。汝體吾此心於啼泣之餘，亦以天下人爲念，當亦樂犧牲吾身與汝身之福利，爲天下人謀永福也。汝其勿悲。

　　汝憶否四五年前某夕，吾嘗語曰：“與使吾先死也，無寧汝先吾而死。”汝初聞言而怒，後經吾婉解，雖不謂吾言爲是，而亦無辭相答。吾之意蓋謂以汝之弱，必不能禁失吾之悲；吾先死留苦與汝，吾心不忍，故寧請汝先死，吾擔悲也。嗟夫！誰知吾卒先汝而死乎？

　　吾眞不能忘汝也！迴憶后街之屋，入門穿廊，過前後廳又三四折有小廳，廳旁一屋爲吾與汝雙栖之所。初婚三四個月，適冬之望日前後，窗外疏梅篩月影，依稀掩映。吾與汝並肩攜手，低低切切，何事不語，何情不訴。及今思之，空餘淚痕。又迴憶六七年前，吾之逃家復歸也，汝泣告我：“望今後有遠行，必以告妾，妾願隨君行。”吾亦旣許汝矣。前十餘日回家，卽欲乘便以此行之事語汝，及與汝相對，又不能啟口；且以汝之有身也，更恐不勝悲，故惟日日呼酒買醉。嗟夫！當時余心之悲，蓋不能以寸管形容之。吾誠願與汝相守以死，第以今日事勢觀之，天災可以死，盜賊可以死，瓜分之日可以死，奸官污吏虐民可以死；吾輩處今日之中國，國中無地無時不可以死。到那時使吾眼睜睜看汝死，或使汝眼睜睜看我死，吾能之乎？抑汝能之乎？即可不死，而離散不相見，徒使兩地眼成穿而骨化石，試問古來幾曾見破鏡能圓？則較死爲尤苦也，將奈之何？今日吾與汝幸雙健。天下人人不當死而死，與不願離而離者，不可數計。鍾情如我輩者，能忍之乎？此吾所以敢率性就死不顧汝也。吾今死無餘憾，國事成不成，自有同志者在。依新已五歲，轉眼成人，汝其善撫之，使之肖我。汝腹中之物，吾疑其女也，女必像汝，吾心其慰。或又是男，則亦教其以父志爲志，則我死後尚有二意洞在也。甚幸甚幸！吾家後日當甚貧，貧無所苦，清靜過日而已。吾今與汝無言矣！吾居九泉之下，遙聞汝哭聲，當哭相和也。吾平日不信有鬼，今則又望其眞有。今人又言心電感應有道，吾亦望其言是實，則吾之死，吾靈尚依依傍汝也。

　　吾生平未嘗以吾所志語汝，是吾不是處。然語之又恐汝日日爲吾擔憂。吾犧牲百死而不辭，而使汝擔憂，的非吾所思。吾愛汝至，所以爲汝體者惟恐未盡。汝幸而偶我，又何不幸而生今日之中國；吾幸而得汝，又何不幸而生今日之中國，卒不忍獨善其身。嗟夫！紙短情長，所未盡者尚有萬千，汝可以摹擬得之。吾今不能見汝矣！汝不能舍吾，其時時於夢中得我乎！一慟！

這封信中所抒的情，是怎樣的真摯，而抒寫得又怎樣的明白！雖然是文字不及那些古文家做得那樣工，却是感人的程度，實在是在古文家的古文以上。

明寫法之第二例　我們現在再看第二個例。這個例也是一封信，是前清時一個到偏僻地方做小官的人，寫給他的朋友的信。這人名叫于成龍，這封信是寫給他的朋友荊雪濤的。信中所言，雖然都是他身歷蠻荒的事實，但處處是敍事，即處處是抒情，處處寫出他勇於任事不怕艱難的精神。抒寫的方法也極明白。現在我們看他信：

> 廣西柳州羅城，偏在山隅。土司環繞，山如劍排，水如湯沸，蠻烟瘴雨。北人居此，生還者什不得一二。土民有猺獞狑狼之種，性好鬥殺。順治十六年冬，初入版籍。

> 成龍以十八年之官，選授後，親者不以為親，故者不以為故。行次清源，同年生王吉人，慷慨好義人也。凤與成龍家食尚可自給，勸勿往。成龍年四十五，英氣有餘，私心自度，“古人利不苟趨，害不苟避之義”何為？俯首不答。抵舍，別母及家人。典鬻田屋，得百金，攜蒼頭五人，頗勇壯可資。瀕行，族屬老稚相餞，歡飲至夜；扶醉就枕，而天已曙矣。兒子庭翼，為諸生已久，猶謹樸如處子。以田產文券歷歷付之，但命之云：“我為官，不顧汝；汝作人莫思我而已。”拜先祠，別老母，門內外但聞哭聲，不復回顧。此時壯氣，可吞猺獞而餐烟瘴也。

> 行及湖南冷水灘，臥病扶掖。陸行之桂林，謁上官，見羸體伶仃，驚憫特異，皆勸以善調治，勿亟赴羅城。抱疴之人，至是膽落；往日豪氣，不知消磨何所矣。

> 羅城與融縣沙寨連界。行至沙寨，登山一望，蒿草滿

71

目，無人行徑，回憶同年生之忠告不置。八月二十日，入縣中。居民僅六家。宿神廟中，永夜不成寐。明日到縣庭，無門垣，草屋三間，東斷爲賓館，西斷爲書吏舍。中闢一門入，亦屋三間，內廨支茅穿漏，四無牆壁。鬱從中來，病不自持。一臥月餘，從僕環向而泣，了無生氣。張目一視，各不相顧，乞歸無路。扶病理事，立意修善，以回天意。凡有陋弊，清察釐革。

無幾何，一僕死，餘僕皆病。成龍自忖一官落魄，復何恨；諸僕無罪，何苦貽累？丁寧令各逃生。一僕蘇朝卿，仗義大言：「若今生當死於此，去亦不得活。棄主人於他鄉，卽生亦何爲？」噫！幸有此也。當時通詳邊荒久反之地，一官一僕，難以理事，乞賜生歸。當事者付之一笑而已。

無何，蘇僕亦死。而大兒續覓四僕。來又前後死其三人，止存一僕，晝夜號咷如瘋魔，遂聽其歸。

萬里一身，生死莫主；夜枕刀臥，床頭樹二槍以自防。然思爲民興利除害，囊無一物；猺獞雖頑，無可取之資，亦無可殺之雛也。事至萬不得已，則勉強爲之。申明保甲，不得執持兵器。間有截路傷命、無蹤盜情，必務緝獲，推詳眞實，誅戮立時，懸首郊野。漸次人心信服，地方寧靜。而地與柳城西鄉接境。其人祖孫父子，生長爲賊，肆害無已。身爲民父母，而可使子弟罹殃咎乎？約某鄉民練兵，親督剿殺；椎牛盟誓，合力攻擊。先發牌修路，刻日進攻。此未奉委命而擅兵，自擬功成，罪亦且不赦；但爲民而死，奮不顧身，勝於瘴病死也。渠魁俯首，乞恩講和，擄掠男女牛畜，皆送還。仍約每年十月犒賞牛酒。敢有侵我境者，竟行剿滅。蓋撞人不畏殺，惟以剝皮爲號令，而鄰盜漸息。

至是，上官採訪眞確，反厭各州縣之請兵不已，報盜不休，爲多事也。嗣後官民親睦，或三日，或六日，環集問安，如家人父子。言及家信杳絕，悲痛如切己膚。

土謠云："武陽岡三年必一反。"比及三年，食寢不安。人心旣和，謠言不驗。又云："三年一小剿，五年一大剿。"比及三年，又復無事。而民俗婚喪之事，亦皆行之以禮，感之以情。羅城之治，如斯而已。謬蒙上官賞識，列之薦章，遂有四川合州之擢。

自數年來，本非爲功名富貴計，止欲生歸故里。日二食，或一食；讀書堂上，坐睡堂上；首足赤露，無復官長禮。夜以四錢沽酒一壺，無下酒物，快讀唐詩，痛哭流涕，並不知杯中之爲酒爲淚也。回想同僚諸人，死亡無一得脫。興言及此，能不寒心？是以赴蜀之日，益勵前操，至死不變。此數年大概也。偶書寄，以發知己萬里一慨。

明寫法之第三例　現在我們再找一封近人寫的白話信，看他是怎樣的寫法！這封信是從《寄小讀者》中選錄出來的。因爲他比較的長的緣故，把原有的中間引的幾首詩刪去了。這封信是作者在外國醫院裏養病，寄回祖國，寄給他母親的信。

親愛的母親：

這封信母親看到時，不知是何情緒。——曾記得母親有一個女兒，在母親身畔二十年，曾招母親歡笑，也曾惹母親煩惱。六個月前，她竟橫海去了，她又病了，在沙穰休息着。這封信便是她寫的。

　　如今她自己寂然的在燈下，聽見樓下悠揚淒婉的音樂，和欄旁許多女孩子的笑聲，她只不出去。她剛覆了幾封國內朋友的信，她忽然心緒潮湧，是她到沙穰以來，第一次的驚心。人家問她功課如何？聖誕節曾到華盛頓、紐約否？她不知所答。光陰從她眼前飛過，她一事無成，自己病着玩！

　　她如結的心不知交給誰慰安好。——她倦弱的腕，在碎紙上縱橫寫了無數的“算未抵人間離別”！直到寫了滿紙，她自己才猛然驚覺，也不知這句從何而來！

　　母親啊！我不應如此說，我生命中只有“花”，和“光”和“愛”；我生命中只有祝福，沒有咒詛。——但些時的悵惘，也該覺着罷！些時的悲哀而平靜的思潮，永在祝福中度生活的我，已支持不住。看！小舟在怒濤中顛簸，失措的舟中，抱着檣竿，哀喚着“天妃”的慈號。我的心舟在起落萬丈的思潮中震盪時，母親！縱使你在萬里外，寫到“母親”兩個字在紙上時，我無主的心，已有了着落。

　　　　　　　　　　　　　　　　　　　　一月十夜——

　　昨夜寫到此處，看護進來催我去睡。當時雖有無限的哀怨，而一面未嘗不深幸有她來阻止我，否則儘着我往下寫，不寧的思潮之中，不知要創造出怎樣感傷的話來！

　　母親！今日沙穰大風雨，天地爲白，草木低頭。晨五時，我已覺得早霞不是一種明媚的顏色，慘綠怪紅，淒厲得可怖！只有八時光景，風雨漫天而來，大家從廊上紛紛走進自己屋裏，拚命的推着、關上門窗。白茫茫裏，羣山都看不見了。急雨打進窗紗，直擊着玻璃，從窗隙中濺進來。狂風循着屋脊流下，將水洞中積雨吹得噴泉一般的飛灑。我的煩悶，都被這驚人的風雨吹打散了。單調的生活之中，原應個大破壞。——我又忽然想到此時如在約克遜舟上，太平洋裏定有奇景可觀。

我們的生活是太單調了，只天天隨着鐘聲起臥休息。白日的生涯，還不如夢中熱鬧，松樹的綠意總不改，四圍山景就沒有變遷了。我忽然恨松柏爲何要冬青，否則到底也有個紅白綠黃的更換點綴。

爲着止水般無聊的生活，我更想弟弟們了！這裏的女孩子，只低頭刺繡；靜極的時候，連針穿過布帛的聲音都可以聽見。我有時也繡着玩，但不以此爲日課；我看點書，寫點字，或是倚欄看村裏的小孩子，在遠處林外溜水，或推小雪車。有一天靜極忽發奇想，想買幾掛大炮仗來放放，震一震這寂寂的深山，叫他發空前的回響。——這裏，做夢也看不見炮仗，我總想得個發響的東西玩玩。我每每幻想有一管小手槍在手裏，安上子彈，抬起槍來，一扳，砰的一聲，從鐵窗紗內穿將出去！要不然小汽槍也好……但這至終都是潛伏在我心中的幻夢。世界不是我一個人的，我不能任意的破壞沙穰一角的柔靜與和平。

母親！我童心已完全來復了，在這裏最適意的，就是靜悄悄的過個性的生活。人們不能隨便來看，一定的時間和風雪的長途都限制了他們，於是我連一天兩小時的無謂的周旋，有時都不必作。自己在門窗洞開、陽光滿照的屋子裏，或一角迴廊上，三歲的孩子似的，一邊忙忙的玩，一邊嗚嗚的唱。有時對自己說些極癡騃的話。休息時間內，偶然睡不着，就自己輕輕的爲自己唱催眠的歌。——一切都完全了，只沒有母親在我旁邊！

一切思想，也都照着極小的孩子的徑路奔放發展：每天臥在床上，看護把我從屋裏推出廊外的時候，我仰視着她，心裏就當她是我的乳母，這床是我的搖籃。我凝望天空，有三顆最明亮的星星。輕淡的雲，隱起一切的星辰的時候，只有這三顆依然吐着光茫。其中的一顆距那兩顆稍遠，我當他是我的大弟弟，因爲他稍大些，能彀獨立了。那兩顆緊挨着，是我的二弟弟和小弟弟，他兩個還小一點，雖然自己奔走遊玩，却時時注意到其他的一個，總不敢遠遠跑開。他們知道自己的弱小，常常是守望相助。

這三顆星總是第一班從暮色中出來，使我最先看見；也是末一班在晨曦中隱去，在衆星之後，和我道聲“暫別”。因此發起了我的愛憐繫戀，便白天也能憶起他們來。起先我有意在星辰的書上，尋求出他們的名字，時至今日，我不想尋求了。我已替他們起了名字，他們的總名是“兄弟星”，他們各顆的名字，就是我的三個弟弟的名字。

自此推想下去，靜美的月亮，自然是母親了。我半夜醒來，開眼看見她，高高的在天上，如同俯着看我，我就欣慰，我又安穩的在她的愛光中睡去。早晨勇敢的、燦爛的太陽，自然是父親了。他從對山的樹梢，雍容爾雅的上來。他又溫和又嚴肅的對我說：“又是一天了！”我就歡歡喜喜的坐起來，披衣從廊上走到屋裏去。

此外滿天的星宿，都是我的一切親愛的人，這樣便同時愛了星星，也愛了許多姊妹朋友。——只有小孩子的思想是智慧的，我願永遠如此想，我也願永遠如此信！

　　風雨仍不止，山上的雪，雨打風吹，完全融化了。下午我還要寫點別的文字，我在此停住了。母親，這封信我想也轉給小友們看一看。我每憶起他們，就覺得欠他們的債。途中通訊的碎稿，都在閉壁樓的空屋裏鎖着呢，她們正百計防止我寫字，我不敢去向她們要。我素不輕許願，無端破了一回例，遺我以日夜耿耿的心；然而爲着小孩子，對於這次的許願，我不曾有半星兒的追悔。只恨先忙後病的我對不起他們。——無限的鄉心，與此信一齊收束起。母親，眞個不寫了。海外山上養病的女兒，祝你萬萬福！

一，十一，一九二四，青山沙穰

第三章　暗寫法

暗寫的說明　“暗寫”，就是把自己的情感，隱隱約約的發抒出來；而不是爽爽快快的發抒出來；或間接的發抒出來，而不是直接的發抒出來。

　　我們在第二章裏說“明寫法”，也已經附帶說到“暗寫法”了。司馬遷是中國抒情散文作者中最善於用“暗寫法”的。就是後來的作者，也是善於用“暗寫法”的多，善於用“明寫法”的少。謝疊山稱歐陽修云：“歐陽修文章爲一代宗師，然藏鋒，斂鍔，韜光，沈馨。”你看！藏鋒，斂鍔，韜光，沈馨，這八個字是怎樣的能描寫出用暗寫法的情形來！

　　清人劉大櫆《論文偶記》云：“理不可以直指也，故卽物以明理；情不可以言顯也，故卽事以寓情。卽物以明理，莊子之文也；卽事以寓情，《史記》之文也。"這裏分兩層說。第一層是"卽物以明理"，是"莊子之文"，不管我們這裏的事，我們可丟開不講。第二層"卽事以寓情"，他說"情不可以言顯"。情何嘗不可以言顯呢？他這句話不一定是確論。不過，照他的見解，情是不可以言顯的，必須卽事以寓情。這就是我們所謂"暗寫法"了。他說《史記》之文，是卽事以寓情，可見《史記》善於用"暗寫法"。

清初魏禧論文云："古文之妙，只在說而不說，說而又說，是以極吞吐、往復、參差、離合之致。"說而不說，吞吐，都是暗寫的祕訣。說而又說，往復，是婉轉。"婉轉的寫法"，我們在下面再有比較詳細的說明。我們讀了魏禧的這一段話，可知中國一般抒情散文作者，都是喜歡主張用"暗寫法"的。

"暗寫"，在今日各種主義中，很和"象徵主義"相似，而在"賦興比"中間，也就是"比"。這話前面已經說過了。現在我們再舉幾個實例，看是怎樣！

暗寫法之一例　這是司馬遷《史記》中的《屈原列傳》。照"史"的體例說，是不應該在敘事中夾雜抒情的話。而這一類的傳，也不能稱爲抒情散文。不過，司馬遷的"史"，是特別的。他作《史記》的動機，不是在作史，而是在於抒情。他是借古人的事，發自己的牢騷。《史記》中《伯夷列傳》《屈原列傳》等篇，尤其是抒情的話比敍事的話多。譬如《屈原列傳》罷，他在敍述過楚懷王聽信讒言、疏遠屈原之後，接著說道：

> 屈平疾王聽之不聰也，讒諂之蔽明也，邪曲之害公也，
> 　方正之不容也，故憂愁幽思，而作《離騷》。"離騷"者，
> 　猶離憂也。夫天者，人之始也；父母者，人之本也。人窮

則反本，故勞苦倦極，未嘗不呼天也；疾痛慘怛，未嘗不呼父母也。屈平正道直行，竭忠盡智，以事其君，閒之❶可謂窮矣。信而見疑，忠而被謗，能無怨乎！屈平之作《離騷》，蓋自怨生也。《國風》好色而不淫，《小雅》怨誹而不亂；若《離騷》者，可謂兼之矣！上稱帝嚳，下道齊桓，中述湯武，以刺世事。明想❷德之廣崇，治亂之條貫，靡不畢見。其文約，其辭微，其志絜，其行廉；其稱文小，而其指極大，舉類邇，而見義遠。其志絜，故其稱物芳；其行廉，故死而不容。自疏濯淖汙泥之中，蟬蛻於濁穢，以浮游塵埃之外，不獲世之滋垢，皭然泥而不滓者也。推此志也，雖與日月爭光可也。

這一大段，全是抒情。後面又敍述了一段楚懷王入秦不返的事，接著又說道：

屈平既嫉之，雖流放，睠顧楚國，繫心懷王，不忘欲返，冀幸君之一悟，俗之一改也。其存君興國，而欲反覆之，一篇之中，三致志焉！然終無可奈何，故不可以反，卒以此見懷王之終不悟也。人君無愚智賢不肖，莫不欲求忠以自爲，舉賢以自佐，然亡國破家相隨屬；而聖君治國，累世而不見者，其所謂忠者不忠，而所謂賢者不賢也。懷王以不知忠臣之分，故內惑於鄭袖，外欺於張儀，疏屈平而信上官大夫、令尹子蘭；兵挫地削，亡其六郡，身客死於秦，爲天下笑，此不知人之禍也。《易》曰：「井渫不食，爲我心惻，可以汲，王明並受其福。」王之不明，豈足福哉！

---

❶　今本"閒之"前有"儳人"二字。——編者註
❷　"想"，當作"通"。——編者註

又是一大段抒情的話。而且這種抒情的話，不是爲了屈原而說的，是爲了他自己而說的。換一句話說，就是拿屈原來比他自己，就是用"暗寫"的法子，做他的抒情文。因爲司馬遷的生世和屈原很有相同的地方，所以司馬遷便借他來替自己寫照。

暗寫法之第二例　這一篇是宋人蘇洵做的《木假山記》。他是一篇"感慨人生的遭遇有幸有不幸"的抒情散文。不過，是借木假山發抒出來，處處寫木假山，處處是寫人生。我們試看他怎樣寫：

木之生，或蘗而殤，或拱而夭。幸而至於任爲棟梁，則伐；不幸而爲風之所拔，水之所漂，或破折，或腐。幸而得不破折，不腐，則爲人之所材，而有斧斤之患。其最幸者，漂沉汩沒於湍沙之間，不知其幾百年。而其激射齧食之餘，或髣髴於山者，則爲好事者取去，強之以爲山，然後可以脫沙泥而遠斧斤。而荒江之濆，如此者幾何？不爲好事者所見，而爲樵夫野人所薪者，何可勝數？則其最幸者之中，又有不幸者焉。

予家有三峯，予每思之，則疑其有數存乎其間。且其蘗而不殤，拱而不夭，任爲棟梁而不伐，風拔水漂而不破折、不腐。不破折、不腐。而不爲人所材，以及於斧斤，出於湍沙之間，而不爲野人樵夫之所薪，而後得至乎此，則其理似不偶然也。

然予之愛之，則非徒愛其似山，而又有所感焉；非徒愛之，而又有所敬焉。予見中峯，魁岸踞肆，意氣端重，若有以服其旁之二峯。二峯者，莊栗刻峭，凜乎不可犯；雖其勢服於中峯，而岌然無阿附意。吁！其可敬也夫！其可以有所感也夫！

這篇文首先借木假山說出人生的遭遇有幸有不幸，而歸結到"有數存乎其間"。末尾又寫出雖然遭遇不幸，而却有不屈不撓的精神，完全是替自己寫照。作者是先見了這座木假山，而後觸動這樣的情感呢？或是先有了這樣的情感，很想發表，而又不願明說，就憑空造出這座木假山來呢？這個我們不得而知。就說他是偶然看見了這樣的一座木假山，而後觸動這樣的情感，然也必先有這樣的情感，然後一見了這座木假山，就會觸動；倘然先沒有這樣情感，就是看見了這座木假山，也不會觸動。一定要先有了火藥，然後遇著火，才會爆炸。倘然沒有火藥，是根本不會爆炸的。所謂"卽事寓情"的抒情散文，也是如此。倘然是先有了這種情感，而後憑空造出這座木假山來，那更不用說了。

暗寫法之第三例　這一篇是清人龔自珍作的《病梅館記》。他是有感於清代科舉文，用一機械的格式束縛文人，因而造成病態的文學。因此，他便拿"病梅"來抒寫這種情感。他和蘇洵的《木假山記》一樣的用"暗寫法"。現在我們試看他的記：

江寧之龍蟠、蘇州之鄧尉、杭州之西溪，皆產梅。

或曰："梅以曲爲美，直則無姿；以欹爲美，正則無景；以疏爲美，密則無態。"固也。此文人畫士心知其意，未可明詔大號以繩天下之梅也。又不可以使天下之民，斫直，刪密，鋤正以殀梅，病梅爲業以求錢也。梅之欹、之疏、之曲，又非蠢蠢求錢之民，能以其智力爲也。

有以文人畫士孤癖之隱，明告鬻梅者。斫其正，養其旁條；疏其密，殀其稚枝；鋤其直，遏其生氣；以求重價。而江浙之梅皆病。文人畫士之禍之烈，至此哉！

予購三百盆，皆病者，無一完者。既泣之三日，乃誓

81

療之。縱之，順之，毀其盆，悉埋於地。解其棕縛，以五年爲期，必復之，全之。予本非文人畫士，甘受詬厲，闢病梅之館以貯之。

烏乎！安得使予多暇日，又多閒田，以廣貯江寧❶、杭州、蘇州之病梅；窮予生之光陰，以療梅也哉！

這篇《病梅館記》，他自己並沒有指出是爲著有感於科舉文的束縛而作的。不過，是憑我們讀者的眼光看出來，他是如此。也許另有他人又是一樣的看法。本來“象徵主義”的文學作品，是可以各人的看法各不相同的。

暗寫法之第四例　我們再看第三❷個例。這是清人吳汝綸作的《矮栝說》。他也是和《木假山記》《病梅館記》一樣，他不是在寫“栝”，是借“栝”來替自己寫照。

曩吾伯父手植矮栝一株，垂卅餘年，大且十圍，高不逾丈。樹故在牆以內，而適與牆幷。吾父甚愛之，以名吾居。

後經兵亂，環吾居栝柏十餘樹爲一空，而是栝以勢不甚高，又爲牆所隱蔽，孑然獨存。前年吾叔父斧其下枝之輪囷者，又縱其下枝之萌蘗者，踰年，而是栝且高於牆丈餘矣。然以其故矮也，仍名之“矮栝”，而吾居猶曰“矮栝居”。

夫以是栝之始高不踰牆也，立乎栝以外，不知其十圍之大也。今則未至吾居而是栝已顯然在人目矣。豈是牆也，前處其晦而後乃自致於顯耶？將顯晦有時，而是栝適遭其

---

❶　“寧”當作“寧”。——編者註
❷　“三”，當作“四”。——編者註

會耶？抑亦屈辱旣久，終不能自秘其奇者耶。雖然，栝之
爲物，固所謂勁直堅貞，貫四時而不改柯易葉者也。方其
始之矮也，有使之屈焉者也，而其所爲參天而拔地者，固
在也。及其後之翹然而高也，又有使之信焉者也，而其所
爲傲風霜凌冰雪者，亦自在也。顯晦屈伸之間，又奚足加
損於豪末也哉！

以上所舉的，後三例都是借物來抒情的暗寫法，前一例是借他
人來抒自己的情。從此更進一步，於是後來的文人便有造出一個假
人來，替他做一篇傳，用以發抒自己的情感的。例如《虞初新志》
中的《小青傳》，就有人疑心小青並沒有這個人，只不過是作者憑空
造出來的。"小青"兩字，就是把一個"情"字拆開來。又如《西青
散記》中的雙卿，也有人說，原沒有這個女子，只不過是作者史震
林造出來的。小青、雙卿，是否有這兩個人，現在雖然還是一個沒
有解決的問題，雖然還有許多人在爭論、考證；不過，依我的意見，
照"暗寫法"的老例看起來，多半是作者憑空造出來的。

中國古代的抒情散文，是用"明寫"的比較的少，用"暗寫"
的比較的多。這大概也是中國人的一種特性。不過，這種"暗寫法"
在古代並沒有甚麼名稱，在詩歌中雖然也有一個"比"的名詞，在
散文中還是沒有。現在呢？也無妨稱他是"象徵"。不過，我在這裏
是替他定了一個淺近的名詞，叫"暗寫法"，使他和"明寫法"相
對待。

這樣的暗寫法，在近人的白話文中很少看見，除非是"童話"。

童話，當然不是抒情文。不過，他間也偶然有一兩篇，涵有極
豐富、極眞摯的情感的，我們也可以把他當抒情文看。譬如陳衡哲
女士的《小雨點》一篇，就是一個例。

暗寫法之第五例　這個例，就是陳衡哲的《小雨點》的兩大段。他的全篇的大意，是說：小雨點在空中被風吹落到地上，經過許多地方，才到了海裏。在海裏住了一些時候，他又思家了，於是化爲氣，升在空中。在空中看見一朵青蓮花，他很愛這蓮花，便又化成雨，滴在蓮花瓣上。因爲要救蓮花的渴，就不惜犧牲自己，讓蓮花汲入液管裏去。他寫小雨點犧牲自己救人家處，有很豐富、很眞摯的情感。現在我們先看他的開頭一段：

　　小雨點的家，在一個紫山上面的雲裏。有一天，他正同着他的哥哥姊姊，在屋子裏遊玩，忽然外面來了一陣風，把他捲到了屋外去。

　　小雨點着了急，伸直了喉嚨叫道：“風伯伯：快點放了我呀！”

　　風伯伯一些也不睬，只管吹着他，向地下捲去。小雨點嚇得閉了眼睛，連氣也不敢出。後來他覺得風伯伯去了，才慢慢的把眼睛睜開，向四圍看了一看，只見自己正掛在一個紅胸鳥的翅膀上呢！那個紅胸鳥此時正撲着他的翅膀，好像要飛上天去的光景。小雨點不禁拍手叫道：

　　“好了，好了！他就要把我帶回我的家去了。”

　　誰知道那個紅胸鳥把他的翅膀撲得太利害了，竟把小雨點掀了下來。

　　小雨點看見自己跌在一個草葉上面，他便爬了起來，兩隻手掩了眼睛，嗚嗚咽咽的哭起來了。說道：……

中間略去了一段，下面就是小雨點從海裏升到空中，看見青蓮花的話了。

小雨點也很不忍心離開這樣慈愛的海公公。不過他要回家的心太利害了，所以只得含着眼淚，辭別了海公公，向天上升去。

說也希奇，此刻小雨點只覺得他的身子，一刻大似一刻。不一會，他已升得很高。他心裏喜歡，說道：

"今晚我一定可以到家了，好不快活啊！"

到了下午，他升到了一個高山的頂上，覺得有些疲倦。他向下一看，只見有一朵小小的青蓮花，睡在一堆泥土的旁邊。他便對自己說：

"我今天升得也够了，不如休息一刻再說罷。"

說了這個，他便向着那青蓮花進行。忽然他身子又縮小起來。他着了慌，再睜眼仔細一看，阿呀！他不在那朵花瓣上，又在那裏呢？他此時不覺又哭起來了。

他正哭着，忽聽見那青蓮花叫着他的名字，說道：

"小雨點，不要哭了，請你快來救救我的命罷。"

小雨點聽了很希奇，不由得止了哭，把那青蓮花細細的看了一看，只見她清秀之中顯出十分乾枯、蒼白。青蓮此時又接着說道：

"我差不多要死了，請你救救我的命罷"。

小雨點聽了，心裏很不忍，便答道：

"極願極願！但是我不可不知道，應該怎樣的救你。"

青蓮花道："聽着呵！我爲的是欠少了一點水，所以差不多要死。你若願意救我的命，你須讓我把你吸到我的液管裏去。"

小雨點嚇了一大跳，竟回答不出話來。

青蓮花道："小雨點，不要害怕，你將來終究要回家去的，不過現在冒一冒險罷了。你願意嗎？"

小雨點聽了，心裏安了些。青蓮花看了一看，不由得又疼又愛。他想了一想，便壯着膽說道：

"青蓮花，我爲了你的緣故，現在情願冒這個險了。"

青蓮花十分感激，果眞的把小雨點吸到了她的液管裏去。不到一會，她那乾枯、蒼白的皮膚，忽然變了美麗豐滿。她在風中顫着，向四處瞧望。忽見有個小女兒，走過她的身旁。她便把她身上的香味，送到那女孩的鼻子裏，說道：

"女孩子，看我好不美麗。爲什麼不把我戴在你的髮上呢？"

那女孩子果眞把她折了，戴在她自己的髮上。

但是到了晚上，那女孩子忽然又不喜歡這個青蓮花了。她便把她從髮裏取了下來，丟在她爹爹的園裏。

青蓮花知道她這次眞要死了。她又想到了溫柔的小雨點，心裏很痛苦，不由得叫道：

"小雨點，小雨點！"

小雨點本來沒有死，不過睡着罷了。此刻聽了青蓮花的聲音，便醒了過來，說道：

"我在什麼地方呢？"

青蓮花答道："你在我的液管裏。"

小雨點聽到這裏，才慢慢的把往事記了起來。他歎着氣說道：

"青蓮花，你自己又在那裏？"

　　青蓮花便把她的經歷，一一的告訴了小雨點。她又說道：

　　"小雨點，現在我可真的要死了。"

　　小雨點着了急，說道："青蓮花，青蓮花！快快的不要死，我願意再讓你把我吸到液管裏去。"

　　青蓮花嘆了一口氣，說道："癡孩子，現在是沒有的了。況且你已經在我的液管裏，我又怎樣能再吸你呢？但是，小青❶點，你不必失望，因爲我明年春間仍要復活的。你若想念我，應該重來看看我呵！再會了。"

　　小雨點哭着叫道："青蓮花，青蓮花！快快不要死呀！"

　　但是青蓮花已經不聽見他了。小雨點一面哭着，一面看去，好不希奇：他那裏在什麼青蓮花的液管裏，他不是明明在一個死池旁邊的草上嗎？

　　暗寫法之第六例　這一個例是從雜誌中找出來的，是一篇童話，題目叫《一夜的飛行》。下面，是"史惜華女士"五個字。是創作？或是改譯？不可得而知。大意是寫一個蚊子，因爲不忍汲取可憐的人的血而甘心忍餓，飛行了一夜，還是空肚子回來。有很好的情感，很能動人。不過，寫的方法略微差一點。

　　小蚊子生長在草叢中的污水裏，牠的母親天天說故事給牠聽。小蚊子伴着母親很是快樂，牠每晚吸新鮮的露珠，覺得十分甘甜。風來吹牠，牠便繞着碧草很自然地跳舞了；花香薰牠，牠便飄飄地高歌美妙的新曲了。花之朝，牠望淡藍的雲朵悠然往來，瞧瞧野花的顏色變得更紅了；月之

---

❶　"青"，當作"雨"。——編者註

夕，牠披着幽綠的月光的紗衣，靜聽青蛙"閣閣"地唱。不耐煩了，牠的母親唱催眠歌安慰牠，螢火蟲小燈籠似照着牠，悄悄地睡着了。

一晚，月色很皎潔，小蚊子突然向母親問："親愛的母親，除了露珠以外，我們還有更美味的食料嗎?"牠的母親說："哦! 還有更好的哩!"又說："現在該告訴你了! ——是人們的血呵!"小蚊子很是歡喜，且決意出外舉行初次的嘗試。撲撲翅膀，覺得輕盈了不少，牠於是要飛行了。牠的母親輕輕對牠說了幾句話，又告訴牠不要認錯了路程，早些回家。小蚊子高飛在空中，遠遠說:

"母親，你等我回家，再會罷!"

正是黃昏時候，小蚊子輕輕地飛，漸漸離開家鄉。牠心裏十分快活，覺到這次的飛行，實在是意外。飛近了一間樓舍的前面，裏面有綠豆般的燈光射出來。牠很奇怪，因爲這不像月光，不像燈光，更不像螢火蟲的可愛的光。牠便高興地飛進去了。

裏面很沈靜，幾乎沒有聲息。室內的物件都沒有亮光，連人也沒有。最後牠飛到一架木牀的旁邊，聽得一些呼息，牠暗想食料來了，仔細一看，是一個小孩子。牠看這孩子的情狀，很有些異樣:身體瘦小不堪，面龐有了灰的顏色，無力的眼珠還是苦睜着。牠明白這是他正在害病，似乎很厲害。過了一刻，小孩子呼他的母親，然而許久許久沒有一個人答應他。他仍是懊喪地躺在牀上，好像連移動也不可能。小蚊子想，這時候無論如何不能吸他的血了! 牠不禁感到一種從未想像的悲哀，沒命地飛出去了。

　　當牠飛在一所矮屋的外面，聽得一種叮叮的響聲，牠便飛進去了。裏面光線很黯淡，有一個年青的人，低着頭在那裏工作，他正在補皮鞋。有幾雙皮鞋已經補好，還有許多沒有補好的破皮鞋，錯亂地堆積在一旁。他裸着上身，連背上的青筋也暴現了出來，面上露着異常苦悶的顏色，仍舊急忙趕這費力的工作。牠想，假如我吸了他的血，他不是爲了腫癢而躭誤了工作的時間？……牠明白這實在使不得，於是又飛出窗外了。

　　夜是十分的幽默。小蚊子飛過幾處黑暗的地方，陰森可怕。枝葉搖蕩的聲浪，蟋蟀的鳴音，夾在一起，牠也有些不耐煩了。又過了一會，小蚊子飛入一間光線極不充足的屋子裏。牠看見一個老婦人靠在一張半舊的桌子上睡覺，桌上放着幾件衣服、針線和一盞似要暗滅的油燈，其中有一件衣服祇縫了大部分。老婦人的臉上滿呈着勞苦的縐紋、疲倦的輪廓，鼻孔中衝出一種傷風的氣息；老眼緊閉著，眼腔內肌肉已瘦盡，突起骨頭。牠想，我不能吸她的血；假如這樣，她一定猛然驚醒了。唉！不行！牠決意飛出去了，歎息種種不幸的經歷。

　　這時，小蚊子實在有些饑餓，簡直是恐慌了。飛行了許久，更覺得非常疲倦。天色漸漸有些明亮起來，冷風吹得更緊。又飛了一陣，便停在溪水旁邊的柳樹上，預備休息。漸是紅日初升的時候。

　　小蚊子低頭向下望時，不覺吃了一驚。原來一個十一二歲的女孩，正坐在溪旁的岩石上，一隻盛米的淘籮，已浮在溪水的中央。女孩祇是呆望，伸手也拉不過來，後來這淘籮竟沈在溪底了。她於是落下淚來，幾次想下水去拾，小蚊子見淚點從她的眼眶中流出，落在衣襟上，或滴在溪水中。牠自己也一陣酸楚，不覺面頰也流着淚珠。牠已饑餓到極點，疲倦到極點，悲傷到極點；鼓動氣力，顛狂地飛回家鄉了！

　　牠的母親正候兒子歸家，遙見小蚊子飛來，很是歡喜，大聲呼道："兒呵！你疲勞了，我們跳舞罷！"小蚊子哀鳴說："我親愛的母親呵！我不忍嘗那些人血的美味哩！"小蚊子飛近牠母親面前，突然斂了雙翼，倒在草叢裏了！

此外，在創作的童話中，據我所見，《稻草人》一書中的《畫眉鳥》《稻草人》等篇，含著極悲哀的情感，也可當他是抒情散文看。在翻譯的童話中，據我所知，在《愛羅先珂童話集》中，《古怪的貓》是一篇充滿了悲哀的情感的散文。

第四章　率直的寫法

率直的說明　　"率"是"粗率""草率"的意思，是隨口說出、隨手寫出而不加修飾的意思。"直"是一直說出來，而不灣曲的意思。在中國舊的抒情文裏，用率直寫法的很少，只有在帶教訓口吻的書信中可找出幾篇來。

　　清人魏禧說："古文之妙，只在說而不說，說而又說；是以極吞吐、往復、參差、離合之致。"從這幾句話，可以看出中國文人是喜歡婉轉而不喜歡率直的。魏禧的意見，就是有一種痛快、馳驟的文，也必須加以抑揚、頓挫，而不主張率直。他說："文之感慨、痛快、馳驟者，必須往而復還。往而不還，則勢直，氣泄，語盡，味止；往而還，則生顧盼。此嗚咽、頓挫所從出也。”往而還就是曲；往而不還，就是直了。

蘇東坡的文，如長江大河，一瀉千里，比較的是率直。然而他也自然而然的有結構。朱熹說：“東坡雖是一往滾將去，他裏面自有法度。今人不理會他裏面法度，只管學他滾將做去，故無結構。”這可見在古文中率直的抒情文，實在是不多見了。現在還是從教訓的書信中舉出幾個例來。

率直的寫法之一例　這個例是陶淵明寫給他的五個兒子的信，我們看他是怎樣的率直的寫出來。然而愈率直，而愈眞摯，率直的寫法的好處就是這一點。

> 告儼、俟、份、佚、佟：天地賦命，生必有死，自古聖賢，誰獨能免。子夏有言：“死生有命，富貴在天。”四友之人，親受音旨。發斯談者，將非窮達可外求、壽夭永無外請故邪？

> 吾年過五十，少而窮苦，每以家弊，東西游走。性剛才拙，與物多忤，自量爲己，必貽俗患。僶俛辭世，使汝等幼而饑寒。余嘗感仲孺賢妻之言“敗絮自擁，何慚兒子”！此旣一事矣。但恨鄰靡二仲，室無萊婦，抱茲苦心，良獨內愧。

> 少學琴書，偶愛閒靜，開卷有得，便欣然忘食。見樹木交蔭，時鳥變聲，亦復欣然有喜。常言五六月中，北牕下臥，遇涼風暫至，自謂是羲皇上人。意淺識罕，謂斯言可保。日月遂往，機巧好疏，緬求在昔，眇然如何！

> 病患以來，漸就衰損，親舊不遺，每以藥石見救。自

恐大分將有限也。汝等稚小，家貧無役；柴水之勞，何時可免？念之在心，若何可言！

　　然汝等雖不同生，當思四海皆兄弟之義。鮑叔、管仲，分財無猜；歸生、伍舉，班荊道舊。遂能以敗爲成，因喪立功。他人尚爾，況同父之人哉！穎川韓元長，漢末名士，身處卿佐，八十而終；兄弟同居，至於沒齒。濟北范稚春，晉時操行人也，七世同財，家人無怨色。《詩》曰："高山仰止，景行行止"；雖不能至，爾心尚之。汝其慎哉！吾復何言！

我們試看他老人家在教訓兒子，語語是眞情至性的流露，滿紙上堆着溫和慈愛的情感，和冷酷的、機械的教訓不同。他的態度雖很和緩，而口吻却又極率直。這要算率直寫法中最好的作品了。

　　率直的寫法之第二例　這是魏禧寫給他弟弟的一封信。雖然是教訓的口吻，然也是本於眞情至性的文字。倘然不是如此，那就不能稱爲抒情文了。不過他的態度比陶淵明要嚴整一點，而率直的程度，也不及陶淵明。我們看他是怎樣的寫：

　　辛卯月日，客雯二旬。每念吾弟介然不苟，頗以遠大相期，聖人所稱剛、毅、木、訥，庶幾近之。但剛爲美德，吾弟却於此成一疏字，生一褊字，又漸流一傲字。往時，我之督弟甚嚴，近五六年，見弟立志、操行，頗成片段。每欲長養吾弟一段勃然、挺然之氣，不忍過爲折抑。又我每有優柔姑息之病，吾弟常能直言、正色，匡我不逮，隱若畏友。凡細故偶失，多爲姑容，使弟不生疑忌，矢直無諱。坐此兩者，故今之督弟甚寬。然我此等，卽是姑息，欲歸爲弟暢言，弟且行矣。

弟與人執事，亦頗竭忠，每乏周詳之慮。臨事時，患難險阻，都所不避，而不能爲先事之計，間或以爲吾大節無損，諸細行雜務，不留心，無大害。然因此失事誤人，因以失己者，多有之。此則所謂疏也。

疾惡如仇，輒形辭色；親友有過，諫而不聽，遂薄其人。人輕己者，拂然去之；行有纖毫不遂其志，則抑鬱憤悶，不能終朝。此誠褊衷，不可不化。

其人庸流也，則以庸流輕之；其人下流也，則以下流絕之。岸然之氣，不肯稍爲人屈，遂因而不屑一世，凌轢儕輩。長此不懲，矜己傲物，馴致大弊。

夫疏則敗事，愊則鄰於刻薄，傲則絕物而終爲物絕。三者皆剛德之害，然皆自剛出之。倘能增美、去害，則於古今人中，要當自造一詣矣。

子夏問孝，子曰："色難。"先儒以爲有深愛者必有和氣，有和氣者必有愉色，有愉色者必有婉容。吾弟之事父兄，動多恭謹，然婉容、愉色，抑何少也！豈其無深愛耶？蓋無學問以化其剛，岸然之氣，欲下之而不能下也。弟行勉之矣！

我們將他和陶淵明的信一比，就可以見得兩人的個性不同處，雖然同是用率直的寫法。照理，寫給兒子的信，比寫給弟弟的信，態度更要嚴整；但是，在事實上適得其反。我想這全是作者個性的關係。

用率直的寫法，寫男女間熱烈的情感，或朋友間熱烈的情感，在中國古代的抒情散文裏是沒有的，尤其是在男女間。因爲女性的作者，天性只會用婉轉的寫法，而男性的作者，對於女性，也都喜歡用婉轉的寫法，以博得他們的同情；所以用率直的寫法寫男女間熱烈的情感的散文，在中國的古文中是沒有的。便說有，也是少到極點。在現代的白話文裏，便可以找得出了。

率直的寫法之第三例 這是從《少女書簡》中選出來的，是一個女子寫給他的愛人謝宣逸的信中間一段。不過，《少女書簡》的全體，是作者假託一個女子所寫的信；所謂這個女子，未必眞有其人。但是，我們看他這一段是寫得怎樣的率直而熱烈：

> 昨晚在婉秋家吃飯，談了許多關於你的事體。她說："宣逸可算得富於感情而志氣勇毅的青年人。祇是太老實了，呵，太老實了。"她又說："他差不多三個多月沒上我們這門，我們也祇有這樣推誠待他，他老是同我們疏遠。這人眞好，情願自己放下身分來作苦工，毫不向旁人乞貸分文；供養老母，還要供給妹子念書。當年嘗相過從的人家，現在他都不去往還了。連我們這裏，要堅毅請他，才來。他有兩句妙語：'踏進富人門檻，少有不被認爲乞貸而來的。乞貸多麼可恥！主人的疑慮，直等你退出大門才得開釋……'"呵！親愛的宣逸，她對於你這般讚美，眞喜得我心花怒放。天下事，那一件比所愛的人受人稱譽還可喜呢？昨晚我多吃一碗飯，平素少有這樣。

率直的寫法之第四例 這個例也是從《少女書簡》中選出來的，是一封完全的短信，題目是《致蕭嫻麗小姐》。贊美一個同性的朋友，也很率直而熱烈。不過，比前一例已差一點。

> 多年不見，你出落得這樣漂亮！飄飄然的仙女喲，我贊美你，我贊美你！聽說你將有遠行，我們都渴望你來談聚幾天。謝謝你的二嫂幫我們許多忙。我同來的兩位好朋

友，你見着，一定喜歡。

率直的寫法之第五例　這個例是從《寄小讀者》中選出來的。
這是作者在醫院中寫的一封長信；這是中間的一小段。雖然是和前
兩例一樣的率直而熱烈，但是所抒的情是不同的。這裏所抒的情，
是全體人類間的"愛"和"同情"。

　　第四是"愛"與"同情"。我要以最莊嚴的態度來敍述
此段。同情和愛，在疾病憂苦之中，原來是這般的重大而
慰情！我從來以爲同情是應得的，愛是必得的，便有一種
輕蔑與忽視，然而此應得與必得，只限於家人、骨肉之間；
因爲家人、骨肉之愛，是無條件的，換一句話說，是以血
統爲條件的。至於朋友、同學之間，同情是難得的，愛是
不可必得的；幸而得到，那是施者自己人格之偉大！此次
久病客居，我的友人的□**❶**送慰問，風雪中殷勤的來訪，顯
然的看出不是敷衍，不是勉強。至於泛泛一面的老夫人們，
手抱着花束，和我談到病情，談到離家萬里，我還無言，
她已墜淚。這是人類之所以爲人類，世界之所以成世界啊！
我一病何足惜？病中看到人所施於我，病後我知何以施於
人；一病換得了"施於人"之道，我一病眞何足惜！

　　"同病相憐"這一句話何等眞切？院中女伴的互相憐
惜、互相愛護的光景，都使人有無限之讚歎！一個女孩子
體溫之增高，或其他病情上之變化，都能使全院女伴起了
吁嗟。病榻旁默默的握手，慰言已盡，而哀憐的眼裏，盈
盈的含着同情、悲憫的淚光！來從四海，有何親眷？只一

---

❶　原字脫。——編者註

縷病中愛人愛己、知人知己之哀情,將這些異國異族的女孩兒親密的聯在一起。誰道愛和同情在生命中是可輕蔑的呢?

率直的寫法之第六例 這個例是從《看月樓書信》中選出來的,是一個女子看護他的丈夫,在海濱的醫院裏養病時,寫給他母親的信。大約他的丈夫因為在病中,性情煩躁,不免冤枉他,他這封是向母親訴苦的,寫得很率直。前面寫着受冤屈的話,後面接着寫道:

母親!他總冤枉我,我若不爲他,我現在不是好端端地在母親身邊嗎?冬天睡在母親的溫暖的被窩裏,有母親抱着我;像這樣的夏天,涼爽的番席早預備給我了。帳裏飛進個蚊子來,母親,你又急得點上洋蠟來捕捉牠,恐怕把你女兒的血爲牠吮走了。看見蚊子正釘在我手臂上時,你嘴裏不住的咒牠,又不敢驚動我的睡眠,只有趕牠停到帳上,然後去打死牠。母親,你太顧恤我了,我反而離開你來顧恤着他,又常常碰他的釘子,道真是何苦來呢?

在他恨我的時候,他常說:"你回家吧,你回家吧。"我不知爲了什麼竟忍不下心來離開他。母親啊,我自己都不知道自己的心,究竟是怎樣的?就彷彿現在政治上的騎牆派,心在這面,又在那面,不知到那面去才好?

母親,我寫了這堆廢話,你看了也許要傷心吧。不再寫下去了。祝母親平安!

第五章　婉轉的寫法

婉轉的說明　"婉"是"柔婉"的意思，"轉"是"轉折"的意思。婉轉的寫法，和率直的寫法，是反對的。我們知道怎樣是率直的寫法，從反面，也就可以知道怎樣是婉轉的寫法。

中國的抒情散文的作者，多喜歡婉轉的寫法，而不喜歡用率直的寫法。在前一章已經說起了。這裏再有一個笑話，就是袁枚曾經說："天上只有文曲星，而沒有文直星。"這確是一句笑話。在他自己也是當一句笑話說。不過，從這一句笑話裏，我們可以看出一般作者的心理是怎樣。

婉轉的寫法之一例　這是清初人施閏章作的《馬季房詩序》的開塲一段。看他是怎樣的婉轉：

> 嗚呼！世之善詩而不傳者衆矣！布衣苦吟，不得志而
> 死，身名俱歿，尤可憨焉！然名公鉅卿，著書滿床，旋踵
> 消滅，或反不如布衣之聲施者，蓋不可勝數也。

照理，善詩是應該傳的，而今善詩而不傳的很多。是一曲。布衣苦吟，不得志而死，身名俱歿，尤爲可憨。是二曲。然名公鉅卿，著書滿牀，旋踵消滅，而布衣中的詩人，或反有流傳的，聲名反超過名公鉅卿。是三曲。這一段短文，一共不過六十個字上下，而一共有三曲，可見他婉轉的程度了。他這樣的迂徐、曲折、抑揚、唱歎，使人讀了，自然而然的有音節。這是中國古代做抒情散文者的"拿手戲"。

婉轉的寫法之第二例　這是王守仁的《瘞旅文》。首先敍述瘞旅

的情形說：

維正德四年，秋月三日，有吏目云自京來者，不知其名氏，攜一子一僕，將之任。過龍場，投宿土苗家。予從籬落間望見之，陰雨昏黑，欲就問訊北來事，不果。明早，遣人覘之，已行矣。薄午，有人自蜈蚣坡來云：“老人死坡下，傍兩人哭之哀。”予曰：“此必吏目死矣，傷哉！”薄莫，復有人來云：“坡下死者二人，傍一人坐歎。”詢其狀，則其子又死矣。明早，復有人來云：“見坡下積屍三焉。”則其僕又死矣！嗚呼傷哉！

念其暴骨無主，將二童子，持畚鍤往瘞之。二童子有難色然。予曰：“嘻！吾與爾猶彼也。”二童憫然涕下，請往。就其傍山麓爲三坎，埋之。又以隻雞，飯三盂，嗟吁涕洟而告之。

以下便發抒他的情感，說道：

嗚呼！傷哉！繄何人？繄何人？吾龍場驛丞餘姚王守仁也。吾與爾皆中土之產，吾不知爾郡邑，爾何爲乎來爲茲山之鬼乎？古者重去其鄉，遊宦不踰千里。吾以竄逐而來此，宜也。爾亦何辜乎？聞爾官吏目耳，俸不能五斗，爾率妻子躬耕可有也，烏爲乎以五斗而易爾七尺之軀，又不足而益以爾子與僕乎？嗚呼傷哉！爾誠戀茲五斗而來，則宜欣然就道，烏爲乎吾昨望見爾容慼然？蓋不任其憂者。夫衝冒霧露，扳援崖壁，行萬峯之頂；饑渴勞頓，筋骨疲憊，而又瘴癘侵其外，憂鬱攻其中，其能以無死乎？吾固知爾之必死，然不謂若是其速，又不謂爾子爾僕亦遽爾奄忽也！皆爾自取，謂之何哉？

吾念爾三骨之無依，而來瘞爾，乃使我有無窮之愴也。
嗚呼傷哉！縱不爾瘞，幽崖之狐成羣，陰壑之虺如車輪，
亦必能葬爾於腹，不致久暴露爾。爾既已無知，然吾何能
爲心乎？自吾去父母鄉國，而來此三年矣，歷瘴毒而苟能
自全，以吾未嘗一日之戚戚也。今悲傷若此，是吾爲爾者
重，而自爲者輕也。吾不宜復爲爾悲矣。

以下再有兩個歌，今皆略去。我們看這一段文，是怎樣的婉轉！
中土之產，何爲乎來爲茲山之鬼？一曲。我是被貶謫而來的，你有
何辜而亦來此？二曲。你不過爲五斗米之祿而來，然此區區五斗米，
你在中土耕田，也可得到，何必來此求之，因而喪你身？是三曲。
死了你一人不夠，還要死了你的子和僕。四曲。既爲五斗米而來，
則宜欣然就道，爲何昨日見你有戚然之容？是五曲。吾知你必死，
然不料你死如是之速。是六曲。又不料子與僕亦同死。是七曲。然
只怪你不應該到這裏來。是八曲。以上一段，不到三百字，共有八
曲。吾既瘞你，因使吾有無窮之愴。因他人而想到自己，是全篇主
要處。以下吾縱不瘞你，你亦必葬身在野獸腹中，又是一曲。你既
無知，然我何忍！是二曲。吾來此三年而不死，因未嘗戚戚之故，
今爲你而戚戚。是三曲。不復爲你悲。是四曲。以上一段，又有四
曲。這樣的灣灣曲曲的寫，可爲盡婉轉之能事。

這篇抒情文，做得格外的婉轉，也有個特別的原因。因爲作者
自己被貶謫到萬里蠻荒外，自然禁不住有去國懷鄉之感；說遇着這
樣的一件事情，更是感極而悲，禁不住要發抒出來。然而生在這個
時代，處在這種情形之下，說話稍不謹愼，便要觸犯那當權的小人，
所以不能直說，不敢直說。必須曲曲折折，轉了幾個灣，才說出來。
結果，還是轉到達觀。我們應該知道，這樣的婉轉的寫，和作者的

時代與環境，有密切的關係。所以我們自己作文，也有我們自己的時代、環境，等等，決不能不管一切而故意的學婉轉。

婉轉的寫法之第三例　這是清人袁枚《祭妹文》的中間一段。他的妹子嫁得人不好，不得已而回到母家，鬱鬱而死。袁枚做這篇祭文祭他，中間有一段道：

> 汝之疾也，予信醫言無害，遠弔揚州。汝又慮戚吾心，阻人走報。及至綿惙已極，阿嬭問："望兄歸否？"強應曰："諾！"予已先一日夢汝來訣。心知不祥，飛舟渡江，果予以未時還家，而汝以辰時氣絕。四肢猶溫，一目未瞑，蓋猶忍死待予也。嗚呼！痛哉！早知訣汝，則吾豈肯遠遊；即遊，亦尚有幾許心中言，要汝知聞，共汝籌劃也。而今已矣！

這一段寫得極悲痛。早知訣汝以下，也很婉轉。下面接着寫道：

> 除吾死外，當無見期。吾又不知何日死，可以見汝。而汝死後之有知無知，與得見不得見，又卒難明也！然則抱此無涯之憾。天乎！天乎！而竟已乎！

這裏，除吾死外，當無見期。是一曲。吾又不知何日死，可以見汝。二曲。死後或有知，或無知，卒不能明。是三曲。即使有知，而得見與不得見，亦卒難明。是四曲。然則抱此無涯之憾。是五曲。

這篇抒情文，除了婉轉的地方以外，再有一段追憶幼年時事，也寫得極好。今一并把他摘錄在這裏：

> 予幼從先生授經，汝差肩而坐。……予捉蟋蟀，汝奮臂出其間。歲寒，蟲僵，同臨其穴。今予殮汝、葬汝，而當日之情形憬然赴目。予九歲，憩書齋。汝梳雙髻，披單縑，來溫《緇衣》一章，適先生瘳戶入，聞兩童子音琅琅

然，不覺莞爾，連呼"則則！"此七月望日事也。汝在九原，當分明記之。……凡此瑣瑣，雖爲陳迹，然我一日不死，則一日不能忘。舊事塡膺，思之淒梗！如影歷歷，逼取便逝。悔當時不將嬰娫情狀，羅縷記存，然而汝已不在人間。則雖年光倒流，兒時可再，而亦無與爲印證者矣。

婉轉寫法之第四例　這個例，就是最著名的抒情散文《伯夷列傳》中的一段。司馬遷於敍述武王伐紂，伯夷、叔齊叩馬而諫；不聽，隱於首陽山，採薇而食，餓死。於其下文便云：

由此觀之，怨邪？非邪？或曰："天道無親，常與善人。"若伯夷、叔齊，可謂善人者非邪？積仁絜行如此，而餓死！且七十子之徒，仲尼獨薦顏淵好學；然回也屢空，糟糠不厭，而卒蚤夭。天之報施善人其何如哉！盜跖日殺不辜，肝人之肉，暴戾恣睢，聚黨數千人，橫行天下，竟以壽終。是遵何德哉！此其尤大彰明較著者也。若至近世，操行不軌，事犯忌諱，而終身逸樂富厚，累世不絕；或擇地而蹈之，時然後出言，行不由徑，非公正不發憤，而遇禍災者，不可勝數也！余甚惑焉。儻所謂天道，是邪？非邪？子曰："道不同，不相爲謀"，亦各從其志也。故曰："富貴如可求，雖執鞭之士，吾亦爲之；如不可求，從吾所好""歲寒，然後知松柏之後凋。"舉世混濁，清士乃見。豈以其重若彼，其輕若此哉！君子疾沒世而名不稱焉。賈子曰："貪夫徇財，烈士徇名，夸者死權，衆庶馮生。""同明相照，同類相求，雲從龍，風從虎，聖人作而萬物覩。"伯夷、叔齊雖賢，得夫子而名益彰；淵雖篤學，附驥尾而行益顯。巖穴之士，趨舍有時，若此類名埋滅而不稱。悲

夫！閭巷之人，欲砥行立名者，非附青雲之士，惡能施於
後世哉！

這一大段，是怎樣的婉轉，讀者讀了，就可以知道，不必再要
逐句指明。

總之，是司馬遷滿肚的牢騷，卻又不能爽爽快快的發抒出來，
只借着伯夷、叔齊的事，婉而又婉、轉而又轉的說許多"怨耶非耶"
的話罷了。

婉轉的寫法之第五例　前面所舉的各例，都是全篇中的一段。
現在再錄兩篇簡短的全文如下。不過，恕不加說明了。第一篇，就
是歐陽修的《釋惟儼文集序》。其文云：

惟儼姓魏氏，杭州人。少遊京師，三十餘年。雖學於
佛而通儒術，喜爲辭章，與吾亡友曼卿交最善。曼卿遇人
無所擇，必皆盡其忻懽。惟儼非賢士不交，有不可其意，
無貴賤，一切閉拒絕去不少顧。曼卿之兼愛，惟儼之介，
所趨雖異，而交合無所間。

曼卿嘗曰："君子泛愛而親仁。"惟儼曰："不然。吾所
以不交妄人，故能得天下士。若賢不肖混，則賢者安肯顧
我哉！"以此一時賢士，多從其遊。

居相國浮圖，不出其戶十五年。士嘗游其室者，禮之
惟恐不至。及去爲公卿貴人，未始一往干之。然嘗竊怪平
生所交皆當世賢傑，未見卓卓著功業如古人可記者，因謂
世所稱賢才，若不笞兵走萬里，立功海外，則當佐天子號
令賞罰於明堂；苟皆不用，則絕寵辱，遺世俗，自高而不
屈，尚安能酣豢於富貴而無爲哉。醉則以此誚其坐人，人
亦復之，以謂遺世自守，古人之所易，若奮身逢時，欲必

就功業，此雖聖賢難之，周、孔所以窮達異也；今子老於浮圖，不見用於世，而幸不踐窮亨之途，乃以古事之已然，而責今人之必然邪！然惟儼雖傲乎退偃於一室，天下之務，當世之利病，與其言，終日不厭，惜其將老也已！

曼卿死，惟儼亦買地京師之東，以謀其終。乃斂平生所爲文數百篇示予，曰："曼卿之死，旣已表其墓，願爲我序其文。然及我之見也。"

嗟夫！惟儼旣不用於世，其材莫見於時，若考其筆墨馳騁、文章贍逸之能，可以見其志矣！

第二篇是歸有光的《吳山圖記》。其文云：

吳、長洲二縣，在郡治所分境而治；而郡西諸山，皆在吳縣。其最高者：穹窿、陽山、鄧尉、西脊、銅井。而靈巖，吳之故宮在焉，尙有西子之遺跡。若虎邱、劍池及天平、尙方、支硎，皆勝地也。而太湖汪洋三萬六千頃，七十二峯，沈浸其間，則海內之奇觀矣。

余同年友魏君用晦，爲吳縣，未及三年，以高第召入，爲給事中。君之爲縣，有惠愛。百姓扳留之不能得，而君亦不忍於其民，由是好事者繪《吳山圖》以爲贈。

夫令之於民誠重矣。令誠賢也，其地之山川草木，亦被其澤而有榮也；令誠不賢也，其地之山川草木，亦被其殃而有辱也。君於吳之山川，蓋增重矣。異時吾民將擇勝於巖巒之間，尸祝於浮屠、老子之宮也固宜，而君則亦旣去矣，何復惓惓於此山哉！

昔蘇子瞻稱韓魏公去黃州四十餘年，而思之不忘，至以爲《思黃州詩》。子瞻爲黃人刻之於石，然後知賢者於其所至，不獨使其人之不忍忘而已，亦不能自忘於其人也。

君今去縣已三年矣。一日，與余同在內庭，出示此圖，展玩太息，因命余記之。噫！君之於吾吳，有情如此，如之何而使吾民能忘之也！

婉轉的寫法之第六例　這個例，是現代的白話文，是從《寄小讀者》中選出來的。他是在病後寫的一封信中間的一段。雖然寥寥的不多幾句，却是寫得很婉轉。

小朋友！一病算得什麼？便值得這樣的驚心？我常常這般的問着自己，然而我的多年不見的朋友，都說我改了。雖說不出不同處在那裏，而病前病後却是迥若兩人。假如這是真的呢？是幸還是不幸，似乎還值得低徊罷！

"一病算得什麼！……""然而……""雖說不出……""而病前病後……""假如……""是幸……是不幸……"前面差不多是一筆一轉。到"假如……"以下，是假定如此了，而"幸與不幸"還是一個不能解決的問題，只好永遠的低徊

婉轉的寫法之第七例　這個例也是現代的白話文，是從陳學昭女士的《寸草心》中選出來的，題目叫《閒行》。這裏是開頭的一段。

客裏的時光，真不知道如何過去才好。回過頭去看一看，時光迅速，空負了三秋。覺得有點戒心，又有點悔意。但如我這樣一個庸人，已是不幸而做了"人"了，自然也毋須乎夢想超然物外。即使那些超人，也逃不出時間的捉弄，但能够與人與事少爭逆，便是很難能的了。然而我是不足以教訓的。對於過去的時光要這樣想，對於現在却又要覺得空寂無聊，似乎在躊躇之中，是希望牠快些過去。

可是我希望牠快些過去，並不是未來有如何樣的希求。眞的，寫到這裏又無話可說，所謂"不如意事常八九，可與人言無二三"。恕我又想擱筆了。

"但如⋯⋯""卽使⋯⋯""然而⋯⋯""可是⋯⋯"多用這一類的筆法，便是婉轉的寫法。

第六章　抒情散文與音節

概說　作詩要講音節，作文是不要講音節的；作韻文要講音節，作散文是不要講音節的。這是普通的說法。但是，我以爲作記實文、作說明文等，都不要講音節，而獨有抒情散文要講音節。這個理由也很簡單，就是，因爲抒情散文和詩歌有相同之點，所以要講音節。這種音節，並不是有意要講的，是跟着情感的流露，自然而然產生的。

一般意見　古代散文作者，大抵多主張講音節，而以淸人劉大櫆爲尤甚。他在他的《論文偶記》中，屢次說起音節。他把音節看得極重要。我們在下面也有引他的話，讀者可以參看。近人以現代眼光，評論散文者，有唐鉞，也說中國古代的散文是有音節，而且讀者必須讀出音節來。他在他的《國故新探》裏，有一篇專論這件事。原文太長，不便多引，讀者如要參看時，可以隨便參看。

我的意見：音節既然是根於情感的流露，自然而產生的，那麼，抒情文當然有音節。古文固然有音節，今日的白話文也有音節，因爲白話文就是說話。表情的話，聲音不得不有高低輕重的分別，這就自然而然的成爲音節了。

音節與用字 音節的長短、高低，本來是根於情感；而寫在紙上，要拿字做符號寫出來。所以音節的長短、高下，就是所用的字的聲音的長短、高下。這一層，元代人陳繹曾說得最好。他在他的《文說》裏，有這樣的幾句道："凡下字，有順文之聲而下之者。若音當揚，則下響字；若音當抑，則下喧字。"按，"喧"字和"咽"字差不多的意思，就是不響的字。至於抒怎樣的情，應當用響字，抒怎樣的情，應當用喧字，這不是十分機械的事，是要讀者在讀文時隨時自己領會。我在這裏無法可以寫出一個固定的規律來。

又清人蔣湘南與友人論文書有云："永叔情致紆徐，故多虛字。"這一句話，也很有研究。大家都知道永叔就是歐陽修，他的文是情致紆徐的。紆徐，就是我們所謂婉轉的寫法。蔣湘南說："情致紆徐，故多虛字"，他的反面就是，"情致不紆徐的便少虛字"。我們可以知道，用率直的寫法的是少用虛字，而音節也迫促；用婉轉的寫法的，多用虛字，而音節也舒展。

音節與章句長短 音節和章句的長短，當然有很密切的關係。不過，何處宜長，何處宜短？長到幾字，短到幾字？也沒有固定的程式可說。劉大櫆《論文偶記》云："凡行文多寡、長短、抑揚、高下，無一定之律，而有一定之妙；可以意會，而不可以言傳。學者只讀古人文字時，便設此身代古人說話，一吞一吐，皆由彼而不由我。爛熟之後……古文之音節，都在我喉吻間……久之，自然鏗鏘發金石聲。"他這一段話，說得很好。不過，我在這裏引他的話，我要很鄭重的聲明一句：他所說的由讀古人文而領會音節，並不是"亦步亦趨"的摹仿古人的音節。這一點很重要。所謂"失之毫釐，差以千里"，所以我不得不鄭重的聲明一下。

清人魏際瑞在他的《伯子論文》裏，有幾句關於章句長短的話，我在第二編裏已經引了，今爲便於閱覽起見，重引如下。他說："人有呵欠、噴嚏，必舒肆震蕩而洩之。苟無是，而學爲張口伸腰，豈得快哉！文之格段、章句長短，亦復如是。"這幾❶話，也就是無病不必呻吟的意思。我們說到章句長短的問題，這幾句話很可以供參考，所以我便隨手把他重引了來。讀者恕我重複！

音節舉例 關於音節的話，除了上面所說的幾句簡略的話而外，現在就古文中及今日白話文中，舉出幾個實例來如下。

以下各段，皆須讀出音節，方能體會得到作者的情感。而音節是甚麼？讀了出來，也就可以知道。

因作思子之亭。徘徊四望，長天寥廓，極目於烟雲杳靄之間，當必有一日，見吾兒翩來歸者。（歸有光《思子亭記》最後一段）

孝則與季房酷愛金牛泉，嘗月夜攜鐺煑茗、論詩。欲構品泉亭其上，卒不果。予癸卯冬，濬泉作亭，鑱石爲記，而未獲聞其語，恨記中不及載。今得其詩讀之，如揖季房於亭中而與之言也！彼雲月之夜，江楓沙鷺之間，若有人焉。幅巾野服，戞然而長嘯者，非馬生也與！非馬生也與！（施閏章《馬季房詩序》最後一段）

去年孟東野往，吾與汝書，曰："吾年未四十，而視茫茫，而髮蒼蒼，而齒牙動搖。念諸父與諸兄，皆康彊而早世，如吾之衰者，其能久存乎？吾不可去，汝不肯來，恐旦暮死，而汝抱無涯之戚也！孰謂少者歿而長者存？彊者夭而病者全乎？嗚呼！其信然耶！其夢耶？其傳之非其眞耶？信也，吾兄之盛德而夭其嗣乎？汝之純明而不克蒙其澤乎？少者、彊者而夭歿，長者、衰者而存全乎？未可以

---

❶ "句"字脫。——編者註

爲信也，夢也！傳之非其眞也。東野之書，耿蘭之報，何爲而在吾側也？嗚呼！其信然矣！吾兄之盛德而夭其嗣矣！汝之純明宜業其家者，不克蒙其澤矣！所謂天者誠難測，而神者誠難明矣！所謂理者不可推，而壽者不可知矣！雖然，吾自今年來，蒼蒼者或化而爲白矣，動搖者或脫而落矣；毛血日愈衰，志氣日愈微，幾何不從汝而死也！死而有知，其幾何離；其無知，悲不幾時。而不悲者無窮期矣！（韓愈《祭十二郎文》中間一段）

　　汝死我葬，我死誰埋？汝倘有靈，可能告我。嗚呼！生前既不可想，身後又不可知。哭汝既不聞汝言，奠汝又不見汝食。紙灰飛揚，朔風野大。阿兄歸矣，猶屢屢回頭望汝也！（袁枚《祭妹文》最後一段）

　　而園之北，因城以爲臺者，舊矣。稍葺而新之，時相與登覽，放意肆志焉。南望馬耳、長山，出沒隱現，若近，若遠，庶幾有隱君子乎！而其東則盧山，秦人盧敖之所從遁也。西望穆陵，隱然如城郭，師尚父、齊桓公之遺烈猶有存者。北俯濰水，慨然歎息，思淮陰之功而弔其不終。臺高而安，深而明，夏涼而冬溫。雨雪之朝，風月之夕，余未嘗不在，客未嘗不從。擷園蔬，取池魚，釀秫酒，瀹脫粟，而食之，曰：“樂哉游乎！”（蘇軾《超然臺記》中間一段）

　　其後二年，余久臥病。無聊，乃使人復葺閤子，其制稍異於前。然自後余多在外，不常居。庭前有枇杷樹，吾妻死之年所手植也，今已亭亭如蓋矣！（歸有光《項脊軒志》最後一段。此段只說枇杷樹，實則因見枇杷樹而追憶

亡妻，故爲抒情文）

　　同行二等三等艙中，有許多自俄赴美的難民，男女老幼約有一百多人。俄國人是天然的音樂家。每天夜裏，在最高層上，靜聽着他們在底下彈着琴兒。在海波聲中，那琴調更是凄清錯雜，如泣如訴。同是離家去國的人啊，縱使我們不同文字、不同言語、不同思想，在這凄美的快感裏，戀別的情緒，已深深的交流了！（從《寄小讀者》中選出，是全信中間的一段。他是在舟中寫的）

第七章　抒情散文與歎詞

概說　"歎詞"，是文法中的名詞，又稱爲"感歎詞"。凡是表驚異、表惋惜、表憐憫的歎聲，都稱爲"歎詞"。在古文中如"嗚呼""嗟夫"等字都是，在現代白話文中如"唉"、如"哦"等字都是。

　　"歎詞"是表情感的，所以在抒情文裏，常常有的，而且可以說，只有在抒情文裏用得着，在其他的文裏都用不着。嚴格的說，"歎詞"是抒情文的專有品。我們說到抒情文，就不得不略說一說"歎詞"。

歎詞的種類　"歎詞"的種類，從形式上說，有單個的字，如"唉"；有連用兩個同樣的字，如"嗟嗟""咄咄"；有連用兩個以上不同樣的字，如"嗚呼"，如"已矣乎"。從性質的方面說，有表覺悟的，如"哦"；有表鄙棄的，如"哼"；有表惋惜的，如"唉"。在現代所有各家文法中，分類都沒有相同的。我也分不出確切不移的門類來。現在還是不分類，只把他搜集幾個，列一張表，附在後面，以供作抒情散文者的參考。那張表是分白話與古文兩部份，是道靜代我做的，也附帶的說明一下（參看附錄的表）。

歎詞的用法　在抒情文中，甚麼地方須用"歎詞"，甚麼地方不須用"歎詞"，沒有機械的方式可以說。一半要看所表的情是怎樣，一半也要看所用的方法是怎樣。再者，和作者的個性也有關係。譬如歐陽修作《五代史》，往往開口就用"嗚呼"，雖然用得太多了，然而這是作者的個性如此，是作者的自由。清末有人名叫李芋仙，他作文也是開口就用"嗚呼"，因此人家送他一個諢號，稱他叫"五代史"。這可見《五代史》中的"嗚呼"之多了。

總之，我們作抒情散文，不能不用"歎詞"，然也不必有意用。任其自然而用，是最好的。現代的白話文，就是說話，而白話文中的"歎詞"，尤要和語言的口氣完全相合，方能寫得出說話的神氣，方能表得出所要表的情。

附錄　歎詞表

一、文言之部

於　屋呼切，影紐，虞韵。《爾雅·釋詁》疏云："於，嘆辭也。"字本作烏，或作嗚。❶ 按，《韵會》云："隸變作於，古文本象烏形，今但以爲嘆辭及語助詞，遂無以爲鴉烏字者矣。"

（例）《尚書·堯典》——僉曰："於！鯀哉！"

《毛詩·文王》——文王在上，於昭於天！周雖舊邦，其命維新！

司馬相如《難蜀父老》——烏！謂此邪！

惡　屋呼切，影紐，虞韵。《孟子》趙岐注云："惡者，不安事之嘆辭也。"亦作啞，倚駕切，影紐，禡韵。

（例）《孟子·公孫丑章》——惡！是何言也！

《莊子·人間世》——惡！惡可！（下惡字訓爲"安"）

《韓非子·難一篇》——師曠曰："啞！是非君人者之言也！"

吁　旭紆切，曉紐，虞韵。《廣韵》云："嘆也。"字省作于，又

---

❶ "烏""嗚"等字下原爲"△"，現統改爲着重符。——編者註

通作呼。《說文》云："吁，驚語也。"揚子《法言》李軌注云："吁者，駭嘆之辭。"

（例）《尚書·堯典》——帝曰："吁！嚚訟，可乎？"

揚子《法言·君子卷》——或問："聖人之言，炳若丹青，有諸？"曰："吁！是何言與！丹青初則炳，久則渝。渝乎哉！"

韓愈《進學解》——先生曰："吁！子來前！"

夫 馮無切，奉紐，虞韻。《孟子》趙岐注云："夫，嘆辭也。"亦作乎（匣紐）。有用於句末者，有用於句中者，亦有用於句首者。

（例）《論語·子罕》——逝者如斯夫！不舍晝夜。

《禮記·檀弓》——仁夫，公子重耳！

《史記·伯夷列傳》——岩穴之士，趨舍有時，若此類名堙而不稱，悲夫！

《左傳·文公元年》——江芊怒曰："呼！役夫！"

俞 欲劬切，喻紐，虞韻。《廣疋》云："俞，然也。"

（例）《尚書·堯典》——帝曰："俞！"

都 篤烏切，端紐，虞韻。《尚書》某氏傳云："都於，歎美之辭。"通於字。

（例）《尚書·皋陶謨》——都！在知人。

咨 則私切，精紐，支韻。《尚書》某氏傳云："咨，嗟也。"字又作茲、嗞、子（咨此切，精紐，紙韻）。

（例）《尚書·堯典》——帝曰："咨！汝羲暨和。"

嘻 肸醫功，曉紐，支韻。《禮記》鄭玄注云："嘻，悲恨之聲。"《公羊傳》何休解詁云："嘻，發痛語首之聲。"字又作譆、熙。

（例）《禮記·檀弓》——夫子曰："嘻！其甚也！"

《史記·張儀傳》——其妻曰："嘻！子毋讀'游記'！"

《漢書·翟義傳》——熙！我念孺子！

噫　衣記切，影紐，真韻。《詩》毛氏傳云："噫，嘆也。"《論語》包咸注云："噫，痛傷之聲。"字又作意、懿、抑（衣亟切，影紐，職韻）。

（例）《尚書·金縢》——噫！公命！

《論語·先進》——顏淵死。子曰："噫！天喪予！天喪予！"

《毛詩·十月》——抑此皇父，豈曰不時！胡爲我作，不即我謀？

猗　乙犧切，影紐，支韻。《詩》毛氏傳云："猗，嘆詞"。"字亦作敧。楊樹達曰："猗，古音在歌部，讀如阿，即今語之呵字。"

（例）《毛詩·伐檀》——坎坎伐檀兮，寘之河之干兮，河水清且漣猗！

唉　阿該切，影紐，灰韻。《韻會》云："怒聲。"字通欸、誒。

（例）《史記·項羽本紀》——唉！豎子不足與謀！

哉　咨哀切，精紐，灰韻。王引之云："哉，歎詞也。或爲歎美，或爲嗟歎，隨事有義也。"按此字用法與夫字略同。

（例）《周易·乾象》——大哉乾元！萬物資始，乃統天。

歸震川《先妣事略》——世乃有無母之人，天乎痛哉！

嗟　即些切，精紐，麻韻。《韻會》云："咨也，痛惜也。"《說文》作嗻，《爾疋》作瑳。

（例）《國風》·《卷耳》——采采卷耳，不盈傾筐。嗟我懷人，寘彼周行！

韓愈《祭田橫墓文》——死者不復生，嗟余去此其
從誰！

呰　咨此切，精紐，紙韵。《說文》云："呰，苛也。"（苛與呵
同）字亦作訾。

（例）《呂氏春秋·權勳篇》昔荊龔王與晉厲公戰於鄢
陵。臨戰，司馬子反渴而求飲，豎陽穀操黍酒而進之。子
反叱曰："呰！退！酒也！"

已　逸里切，喻紐，紙韵。楊樹達曰："已，古音當讀如唉。"

（例）《尚書·大誥》——已！予惟小子！

歸有光《寒花葬志》——吁！可悲也已！

咈　符勿切，奉紐，物韵。《說文》云："違也"。

（例）《尚書·堯典》——帝曰："吁！咈哉！"

咄　都忽切，端紐，月韵。《廣韵》云："咄，呵也。"亦作叱。
《正字通》云："或曰：汾晉之間，尊者呼左右曰：'咄！'左右必諾。
司空圖作《休沐記》用之。"（按，"《休沐記》"當作"《休休亭》"，
參看"咄唶"條）

（例）《漢書·東方朔傳》——朔笑之曰："咄！"

嚇　呵格切，曉紐，陌韵。《莊子》司馬彪注云："怒聲。"字亦
作赫。《詩箋》云："口拒人謂之嚇。"

（例）《莊子·秋水篇》——鵷得腐鼠，鵷雛過之。仰
而視之曰："嚇"！

諾　儺咢切，泥紐，藥韵。《說文》云："讋也。"《正韵》云：
"應聲。"字亦作喏。

（例）《論語·陽貨》——孔子曰："諾！吾將仕矣。"

唯　喻壘切，喻紐，紙韵。《說文》云："諾也。"

114

（例）《論語·里仁》——子曰：“參乎！吾道一以貫之。”曾子曰：“唯！”子出門。人間曰：“何謂也?”曾子曰：“夫子之道，忠恕而已矣。”

烏乎　《小爾疋》云“烏乎，吁嗟也。”字又作嗚呼、烏虖、於乎、於虖、於戲（肸漪切，曉紐，支韵）、於歔（旭於切，曉紐，魚韵）。

（例）《禮記·大學》——於戲！前王不忘。

皇甫湜《送簡師序》——嗚呼！悲夫！吾絆不得侶師以馳！

歸有光《女如蘭壙志》——烏乎！母微，而生之又艱。予以其有母也，弗甚加撫；臨死，乃一抱焉。天果知其如是，而生之奚爲也?

嗟夫　亦作嗟乎。

（例）《史通·自敍》——嗟乎！儻使平子不出、公紀不生，將恐此書與糞土同捐，烟燼俱滅；後之識者，無得而觀。此予所以撫卷漣洏，淚盡而繼之以血也！

李陵《答蘇武書》——嗟乎！子卿，夫復何言！

歐陽修《祕演詩集序》——嗟夫！二人者，余乃見其盛衰。

噫嘻

（例）《毛詩·噫嘻》——　噫嘻成王，旣昭假爾！

歐陽修《秋聲賦》——噫嘻悲哉！此秋聲也，胡爲乎來哉！

于嗟　《史記索隱》云：“吁嗟，嗟歎之辭也。”于讀爲吁。

（例）《毛詩·麟之趾》——麟之趾，振振公子，于嗟麟兮!

《采薇歌》——登彼西山兮，采其薇矣！以暴易暴兮，不知其非兮！神農虞夏，忽焉沒兮！我安適矣！于嗟徂兮，命之衰矣！

猗嗟　《詩傳》云："猗磋，歎辭。"

（例）《毛詩·猗嗟》——猗嗟昌兮！

嗟嗞　《廣韻》云："嗞嗟，憂聲也。"或作嗟茲，或作嗟子。

（例）揚雄《青州牧箴》——嗟茲天王，附命下土！

乎爾　《孟子》趙岐注云："乎爾者，歎而不怨之辭也。"

（例）《孟子·盡心章》——然而無有乎爾！

嘻呼

（例）《於陵子·畏人篇》——於陵子永息攝沫，辟牖而言曰："嘻呼！"（按，《於陵子》是明人姚士粦所造偽書。今取其文，不辨分其時代也）

叱嗟

（例）《趙策》——齊威王勃然怒曰："叱嗟！爾母婢也！"

咄喏　喏或是嗟字之誤，亦未可知。

（例）司空圖《休休亭》——咄喏休休！莫莫伎倆。

嗟嗟　《詩箋》云："重言嗟嗟，美歎之深。"傷痛之深，亦重言之。

（例）《毛詩·臣工》——嗟嗟臣工，敬爾在公！王釐爾成，來咨來茹。嗟嗟保介！維莫之春。亦又何求，"如何新畬"？

韓愈《祭柳子厚文》——嗟嗟子厚，而至然耶！

又：嗟嗟子厚，今也則亡！臨絕之音，一何琅琅！

咄咄　《韵會》云："咄咄，驚怪聲也。"

（例）《後漢書·嚴光傳》——帝即其臥所，撫光腹曰："咄咄子陵！不可相助爲理耶?"

唯唯　亦作"唯""然"。楊樹達曰："'唯，然'，重言也。"

（例）《秦策》——范睢曰："唯唯！"

《楚策》——宋玉對曰："唯，然，有之。"

于嗟乎

（例）《毛詩·騶虞》——彼茁者葭，壹發五犯，于嗟乎騶虞！

已矣乎　或作已矣夫，或作已矣哉。

（例）《離騷經》——亂曰：已矣哉！國無人，莫我知兮，又何懷乎故都！

陶淵明《歸去來兮辭》——已矣乎！寓形宇內復幾時，曷不委心任去留，胡爲乎遑遑欲何之！

江淹《恨賦》——已矣哉！春草暮兮秋風驚，秋風罷兮春草生；綺羅畢兮池館盡，琴瑟滅兮邱壟平。自古皆有死，莫不飲恨而吞聲！

嗟嗞乎　或作嗟茲乎，或作嗟子乎。

（例）《莞子·小稱篇》——嗟茲乎！聖人之言長乎哉！

《尚書大傳》——諸侯在廟中者，愀然若復見文武之身，然後曰："嗟子乎！此蓋吾先君文武之風也！"

《說苑·貴德篇》——嗟嗞乎！我窮必矣！

嗚呼噫嘻

（例）李華《弔古場文》——嗚呼噫嘻！吾想夫北風振

漠，胡兵伺便，主將驕敵，期門受戰。又：嗚呼噫嘻！時耶？命耶？

　　蘇軾《後赤壁賦》——嗚呼噫嘻！吾知之矣！

嗟乎子乎

　　（例）《楚策》——嗟乎子乎！楚國亡之日至矣！（子字，參看前"咨"條）

子兮子兮　《詩傳》云："子兮者，嗟茲也。"

　　（例）《毛詩·綢繆》——今夕何夕？見此良人！子兮子兮！如此良人何！（子字，參看前"咨"條）

嗟乎嗟乎

　　（例）司馬遷《報任少卿書》——嗟乎嗟乎！如僕尚何言哉！尚何言哉！

　　《史記·越世家》——嗟乎嗟乎！一人固不能獨立！

二　白話之部

哪ㄋㄚ

　　（例）哪！好罷？

　　這我可作不得主哪！

啦ㄌㄚ

　　（例）先生去啦！

　　賣啦！賣給你啦！

噲ㄍㄨㄞ

　　（例）噲！你走過來！

呵ㄏㄛ

　　（例）快來看呵！

嘿ㄏㄟ

　　（例）嘿！別再多嘴！

哼ㄏㄥ

　　（例）哼！他也想學你麼？

呢ㄋㄧ

　　（例）這種無聊的事，那裏值得說他呢！

嚇ㄒㄧㄚ

　　（例）嚇！那還了得！

咦ㄧ

　　（例）咦！你也來了嗎！（表驚異）

呀ㄧㄚ

　　（例）呀！對不起！

　　　　　那是不行的呀！

喂ㄨㄟ

　　（例）喂！不要緊麼？好好的當心！

啊ㄚ

　　（例）難爲你啊！

哦ㄜ

　　（例）哦！我知道了。

唉ㄞ

　　（例）唉！可憐！

　　　　　唉！人生是一夢罷！

罷ㄅㄚ（又作吧）

  （例）你就看看曆書罷！

  打發他們去吧！

呸ㄆㄟ

  （例）呸！該死的東西！

哈哈ㄏㄚㄏㄚ

  （例）哈哈！今天運氣眞好！

噯呀ㄞㄧㄚ

  （例）噯呀！弄壞了！

詩的作法

第一章　作詩的基本知識

第一節　一件衝突的事（？）

我在開始寫這一冊《詩的作法》以前，我自己就患了前後衝突的毛病。為甚麼呢？就是我曾經對人家說過："詩是沒有作法的。"詩既然是沒有作法，如今又大談其作法，豈不是前後相衝突麼？倘然這本書能夠存在，那就要取消前言；倘然不肯取消前言，那麼，這本書就不能存在。

不過，話雖然是如此說，事實上並不是如此簡單。所謂詩沒有作法，是教人家不要按照固定的格式去填字。按照固定的格式去填成的詩，完全是機械的東西，絕對做不成好的詩，絕對做不成真的詩。一般的學詩者都誤認為詩是有幾種一定的方法的，好像代數、幾何中的定例一樣，只要把這幾條定例學會了，就可以做得出好詩。這種觀念是絕對的錯誤，所以我說詩是沒有作法的。

那麼，現在為甚麼又要說詩的作法？我這裏所說的詩的作法，不過把作詩的經驗寫出來，供給人家的參考，以啟發人家的心思，引起人家的興味，絕對不是規定了幾種格式，叫人家按照這格式去填字。所以詩的作法是叫人家如何拿符號（是指文字）來表現自己的情感，不是叫人如何拿墨（也是指文字）來填紙上的空白。

　　情感是千變萬化、沒有相同的，所以詩要如何作法，也是千變萬化、沒有相同的。這裏所說的作法，只算是舉例，全靠讀者觸類旁通，因此自己創造出方法來，決不可按照這些方法去做。

　　根據上面所說的話，詩的作法，是永遠不能規定的，所以本書也絕對不能用科學化的方法來寫。因為用科學化的方法寫，無論你怎樣的精密，總是機械的方式。我們要知道機械的方式是作詩的人絕對不適用的。

第二節　請先讀兩部書

　　上面說了這許多話，恐怕讀者還是不十分明瞭。不要緊。能夠明瞭固然好，不能夠明瞭，也無妨暫且擱起，且看下文。

　　現在我所再要說的話，就是我自己登一個賣書的告白，請讀者在讀這本書之前，另外先讀兩本書。這豈不是登一個賣書的告白麼！話雖如此說，實在是非如此辦法不可，所以我不避人家的譏誚，將告白登出來。上文所謂兩本書，是那裏兩種書呢？一是《詩歌學ABC》，二是《詩人生活》，這兩本書都是世界書局出版的。讀者連同這本《詩的作法》一同購賞，很不費事。

　　若有人問："為甚麼要先讀這兩本書呢？"我道："就是要作詩須先明白一點詩學原理，然後作起詩來，方不至於走錯路。關於談詩學原理的書，雖然也不止這兩種，不過照我的意見，這兩種書比較的便於初學；而又是我自己作的，和這本《詩的作法》當然是有連帶關係的地方，所以就舉出這兩種書來了。我雖然是自己替自己登告白，同時候實在是替讀者着想。這一點想必能得到讀者的諒解罷。"

你們讀了《詩歌學 ABC》及《詩人生活》，至少是已經明白了詩是甚麼，人為甚麼要作詩。先把這個問題明白了，然後可以談詩的作法。就是批評的人，倘然不棄，對於我這本書加以指正，也請兼讀一讀《詩歌學 ABC》及《詩人生活》，然後對於這本書才不至於發生誤會。

第三節　詩與非詩

我們既然提起筆來作詩，總希望所作成的是詩，而不要作成非詩。既然如此，我們又要先認清楚怎樣是詩？怎樣非詩？

我們認定了詩是人們情感的表現，所以每首詩裏都有人們的情感。雖然有時候詩的中間也有外面的事實，或作者的思想，但終必以情感為主；倘然絕對沒有情感，那就可以說不是詩。

在舊詩裏作詩的人對於這一點往往弄不清，在新詩裏作詩的人比較的能明白這個道理，不過，也許有人不曾十分明白，尤其對於舊詩不能鑒別。

今請將舊詩中最不容易辨別的幾種拿來說說，我們把這幾種能殼分別得清楚了，那麼鑒別的眼力就有了。

第一種詠史詩與弔古詩不容易分別。本來所謂詠史詩是立在客觀的地位評論歷史上的人物，弔古詩是作者寫他對於古蹟而發生的感慨。照詩學原理說，弔古詩是詩，而詠史詩不是詩。然在舊詩裏兩者極不容易辨別。我們可舉幾首詩為例如下：

吳偉業《題士女圖》之一

霸越亡吳計已行，論功何物賞傾城。西施亦有弓藏懼，
不獨鴟夷變姓名。

吳永《和詠虞姬》

大王眞英雄，姬亦奇女子。惜哉太史公，不紀美人死！

王士禎《眞州絕句》之一

江鄉春事最堪憐，寒食清明欲禁烟。殘月曉風仙掌路，
何人為弔柳屯田。

劉禹錫《烏衣巷》

朱雀橋邊野草花，烏衣巷口夕陽斜。舊時王謝堂前燕，
飛入尋常百姓家。

這裏前兩首是詠史詩，後兩首是弔古詩。我們只要從這一點看
去：前兩首是立在客觀的地位評論西施與虞姬，後兩首作者對於柳
屯田及王、謝所發生的感慨。所以前兩首沒有情感，後兩首有情感。
前兩首看似議論縱橫，其實細細一讀，便覺毫無意味；後兩首看似
平淡，其實越是細讀越覺得好。我們從這一點看去，詠史詩與弔古
詩可以分別得清楚，而是詩非詩也可以分別得清楚了。

第二種是詠物詩與比興詩不容易分別。所謂詠物詩是立在客觀
的地位記一物件，所謂比興詩是作者寫他對於此物所發生的感慨，
或借此物以抒寫他的感慨。照詩學原理說，比興詩是詩而詠物詩不
是詩。不過在舊詩裏兩者極不容易分別。現在舉兩首詩為例如下：

元好問《山居雜詩》之一

瘦竹藤斜挂，叢花草亂生。林高風有態，苔滑水無聲。

蘇軾《東欄梨花》

梨花淡白柳深青，柳絮飛時花滿城。惆悵東欄一株雪，

人生看得幾清明！

我們拿這兩首詩細細的比較，就可以明白：前一首寫竹、寫藤、寫花、寫草、寫林、寫風、寫苔、寫水，雖然寫得好，然都沒有和人發生關係，所以說他是詠物詩；後一首寫梨花，卻是從梨花而感覺到人生無幾時，所以說他是比興詩。我們拿這兩首詩比較起來，自然是覺得後一首比前一首好。為甚麼呢？前一首沒有作者的情感，後一首有作者的情感。竟可以說前一首不是詩，後一首是詩。

第三種是紀事詩與感事詩不容易分別。所謂紀事詩是立在客觀的地位紀一件事，所謂感事詩是作者抒寫他對於此事所發生的感慨。而在舊詩裏也很不容易分別。現在舉兩首詩為例如下：

范成大《田園雜興》之一

昨遣長鬚借踏車，小池須水引鳴蛙。今朝一雨添新漲，便合翻泥種藕花。

陸游《劍門道中遇雨》

衣上征塵雜酒痕，遠遊無處不消魂。此身合是詩人未？細雨騎驢入劍門。

我們把這兩首詩比較一比較看：前一首只不過是呆板的紀一件田家得雨的事，後一首除了紀事以外，更有作者的情感在裏面，不單是記出門遇雨的事。我們照前例說，當然是覺前一首不好，後一首好。也竟可以說前一首不是詩，後一首是詩。

第四種是假情感與真情感不容易分別。前面所說的是關於無情感與有情感的辨別，已經是不容易了；還有假情感與真情感，那更不容易分別。當然是要真情感，才算是好詩；假情感無論如何，不能算是好詩，也可以說不是詩。譬如真哭、真笑，無論如何，都可以感動人；假哭、假笑，不但是不能感動人，有時反惹起人家的厭惡。假哭、假笑，對於閱歷深的人不能瞞過，對於閱歷不深的就容易瞞過。詩中的假情感，對於讀詩多的人也不能瞞過，對於讀詩不多的人也容易瞞過。兩者是一樣的道理。所以說這一點是最不容易辨別的。我們要辨別他，除了多讀以外，也沒有第二個法子。現舉兩詩為例如下：

沈德潛《塞下曲》

千重沙磧萬重山，三載燒荒未擬還。流盡征夫眼中血，誰人月下唱《陽關》？

蔣超《金陵舊院》

錦繡歌殘翠黛塵，樓臺已盡曲池湮。荒烟一種瓢兒菜，獨占秦淮舊日春。

這兩首詩，我們讀了，總覺得後一首字字都是從心坎中流出，十分深切；前一首就不免是表面上的話，很是浮淺。這裏一真一假，絕對不能混殽，不過在讀詩不多的人也許被他瞞過。

讀者讀完了上面的話，對於詩與非詩總可以有相當的了解。我們把詩與非詩辨別清楚了，然後提筆作詩，就不至於作成非詩了。

第四節　新詩與舊詩

新詩與舊詩，好像是一個重要的問題。舊詩已被人家打倒了，而新詩還沒有建設起來，於是就使得作詩的人發生幾個疑問：

（1）新詩真是作不好。（?）

（2）新詩產生的時代還不久，還沒有到成熟的時期。（?）

（3）舊詩自有其永遠不消滅的價值。（?）

（4）因為時代的關係，舊詩已成為塚中的枯骨。（？）

這幾個問題如何答復呢？我的意見是如下。詩的體裁有新舊，作詩的對象有新舊，而詩的原理無新舊。能合於原理的無論新舊都好，不合於原理的無論新舊都不好。

汗牛充棟的、木板線裝的舊詩集，曰某某齋詩稿，曰某某軒詩草，當然是十有八九是無病的呻吟；而一本一本鉛印的圖案、畫簿面的新詩集，稀奇特別的名稱，也不見得十之八九是有病的呻吟。這是甚麼道理呢？大概所有不大好的作品，就是不合詩的原理罷！其中一二好的作品，不管是新，是舊，自然能彀存在的，都是合於詩的原理的。

說到詩的原理，舊的作詩者十個就有九個半說不出，不過其中高明的作者作起詩來，自然能與詩理暗合。新的作者十個之中到有七八個能說，不過其中不高明的，作起詩來却與原理背道而馳。這也許是患了能說不能行的老毛病罷！

所以我們現在所要解決的不是新詩與舊詩的問題，乃是合於詩的原理或不合於詩的原理的問題。我的意見是如下：

（1）情感的自身是超越新舊的，只有各個人的差別，而沒有時間上的差別。

（2）思想及事實是有新舊的，生於現代的人當然要有現代的思想及寫現代的事。

（3）體裁的新舊，當以受束縛、不受束縛為標準。舊式的五言、七言大概是束縛的，然在適當的時候，能完全達意，而且很自然，那也不算束縛。新詩當然是不受束縛了，但是也有人有意做成全首八言或十言，豈不是和舊詩患了同樣的毛病！

（4）詩的原理萬萬不可違背。違背了，便不成為詩。但是不明白詩的原理的人所作的詩，也可以與詩的原理暗合。

我們把這個意思弄明白了，那麼，對於前面所說的各個疑問可以不解決而自解決了。換一句話說，就是不成問題了。

上面所說的許多話，也許有人說我是空口說，沒有憑據。現在且舉幾個實例證明如下。只要讀者不嫌麻煩，我是很喜歡亂說的。

第五節　情感超越新舊的問題

情感是人對於物所感覺到的喜怒哀樂，等等。情感的自身是沒有所謂新舊的。譬如《古詩十九首》之一云：

涉江採芙蓉，蘭澤多芳草。採之欲遺誰？所思在遠道。

還顧望舊鄉，長路漫浩浩。同心而離居，憂傷以終老。

這首詩是約在二千年前時人作的，但是在當時讀起來覺得是如何的好，在今日讀起來還是覺得是如何的好，因為他純是抒寫情感，而這種情感是沒有新舊差別的。除非將來科學發達到極點，人類的生活大大的改變了，每一對夫婦，或是情人，每兩個朋友，永久是住在一處而不分離，那麼，這首詩中間離別的情感才成了過去的陳跡，這首詩才根本不合於現代（指未來的現代）的潮流。但是，這一天離開今日（民國二十年）還不知有多少遠。總之，只要世界上有離別這件事，這首詩中的情感就不發生新舊的問題。

又如劉禹錫的《竹枝詞》之一云；

楊柳青青江水平，聞郎江上唱歌聲。東邊日出西邊雨，道是無晴却有晴。（按，“晴”字隱“情”字，是雙關兩意）

這首詩的情感可算是完全超越出時間的關係。除非楊柳的葉子變成紅的，除非江裏沒有水，除非女孩子們的耳朵都聾了聽不見唱歌聲，或男子的喉嚨都啞了不能發聲唱歌，除非永遠不出太陽、永遠不下雨，除非男子女子的心都變成死灰枯木，而沒有感覺，這首詩才算是不合於現代（未來的現代）的潮流。但是究竟有沒有這一天，我的知識淺薄，不能預測。就說有這一天，那麼，詩的自身也沒有了，還要爭論甚麼新舊！

上面把情感沒有新舊的差別的話說明白了，我們再要說到一個問題就是情感雖沒有新舊的差別，而却有各個人的差別。在同一個時候，杜甫是杜甫的情感，李白是李白的情感，李賀是李賀的情感，李商隱是李商隱的情感。以至於一切所謂詩人的情感，無不是如此。倘然不是如此，便是失去了個性，便沒有存在的價值。

我們試看李白的詩是怎樣：

風吹柳花滿店香，吳姬壓酒勸客嘗。金陵子弟來相送，欲行不行各盡觴。請君試問東流水，別意與之誰短長？
（《金陵酒肆留別》）

再看杜甫的詩是怎樣：

國破山河在，城春草木深。感時花濺淚，恨別鳥驚心。烽火連三月，家書抵萬金。白頭搔更短，渾欲不勝簪。
（《春望》）

再看李賀罷：

茂陵劉郎秋風客，夜聞馬嘶曉無跡。畫欄桂樹懸秋香，三十六宮土花碧。魏官牽車指千里，東關酸風射眸子。空將漢月出宮門，憶君清淚如鉛水。衰蘭送客咸陽道，天若有情天亦老。攜盤獨出月荒涼，渭城已遠波聲小。（按，此詩題為《金銅仙人辭漢歌》，詠魏明帝召取西漢故宮捧露盤

仙人移置殿前事）

再看李商隱罷：

嵩雲秦樹久離居，雙鯉迢迢一紙書。休問梁園舊賓客，
茂陵秋雨病相如。（《寄令狐郎中》）

李白說：“請君試問東流水，別意與之誰短長？”杜甫說：“烽火連三月，家書抵萬金。”李賀說：“天若有情天亦老。”李商隱說：“茂陵秋雨病相如。”我們只要讀了這幾句詩，就可以看出他們各個人情感的差別。

照此說來，情感是沒有新舊的問題，乃是各個人的問題。

第六節　思想新舊的問題

我們在前面已經說過，作詩以情感為主，不是以思想為主；但是，詩的中間也許有思想夾在裏面。例如李商隱的詩云：

雲母屏風燭影深，長河漸落曉星沈。嫦娥應悔偷靈藥，
碧海青天夜夜心。（《嫦娥》）

這首詩有情感，有思想，但是他的思想是舊思想。又如下面一首詩云：

冷雨疎煙做晚涼，雨餘明月吐清光。始知浴罷天然美，
不用雲羅助晚妝。（《雨後》）

這首詩有情感，有思想，但是他的思想是新思想，就是所謂裸體美。這種思想在五十年前，甚至於二十年前的中國，是不會產生的。這首詩的作者乃是我自己。我很荒謬，把我自己的詩拿來做例。我很鄭重的向讀者聲明：我並沒有其他的用意，只不過在寫這本書

時，偶然想不起別的詩，只偶然想到這一首詩罷。援梁任公著書把自己寫在書中的前例，想讀者對於我當不見怪罷！

閒話少說。且說我們把這兩首詩比較一下，就可以知道思想是應該新而不應該舊了。倘然我們現在作詩，還是李商隱的那種思想，那就一定沒有多少價值，何況舊的思想還有時和新時代的潮流有顯著的衝突哩！

第七節　事實新舊的問題

我們在前面也已說過，作詩是以情感為主，不是以事實為主；然詩的中間也許有事實夾雜在裏面。例如杜甫的詩云：

　　劍外忽傳收薊北，初聞涕淚滿衣裳。却看妻子愁何在，漫卷詩書喜欲狂。白日放歌須縱酒，青春作伴好還鄉。卽從巴峽穿巫峽，便下襄陽向洛陽。（《聞官軍收河南河北》）

這首詩有情感，有事實。但是他中間的事實是李唐天寶時代的事實，而不是現代的事實。又如于右任的詩云：

　　存且偷生死更悲，余收爾骨爾尤誰？平生慷慨爭民黨，一戰倉皇委義旗。羆虎連雲思將帥，流亡載道泣孤嫠。良心痛苦吾能說，又到雞鳴午夜時。（《義旗》。按，此詩為民國二年作，紀討袁失敗事）

這首詩有情感，有事實。但是他中間的事實，是民國時代的事實。雖然離開現在也有十八年了，但是比著天寶時代的事，總覺是近得多。所以于先生的詩在現代的價值比杜先生要高得多。

我們讀了這兩首詩，可以知道生在現代的人應該紀現代的事了。

第八節　體裁新舊的問題

體裁新舊的問題，我在前面早已說過，只以受束縛、不受束縛為標準，不管是甚麼體裁都是可以的。現在舉幾個舊詩中因受束縛而弄壞了的例如下。

孟浩然《送人至鄂渚詩》云：

> 峴首辭蛟浦，江邊問鶴樓。

又孟浩然《送人之越詩》云：

> 想到耶溪日，應探禹穴奇。

這裏他所說的鶴樓，分明是黃鶴樓。我們也不曾聽見黃鶴樓可以簡稱鶴樓。孟老先生却受了五言的限制，不得不硬割去一個字，稱為鶴樓。他所說的耶溪，分明是若耶溪。他也被五言所限，不得不硬割去一個字，稱為耶溪。豈知這兩個字是不能割裂的，割裂了，就不成文。這是一個舊詩受束縛而弄壞了的好例。

孟浩然是被五言所限，割裂地名，去就固定詩的格式。却是又有人要作七言詩，嫌字不彀，硬把不須要的字裝上去，湊成七個字。這一類的詩很多很多，而其中最好的一個例，就是明人李攀龍的《明妃曲》。他的詩云：

> 天山雪後北風寒，抱得琵琶馬上彈。醉後不知青海月，
> 徘徊猶作漢宮看。

這一首詩眞好笑。他每句的開頭兩個字都可以拿去。我們把他拿去了，就變了一首五言絕句，比較的更好。讀者請看下文罷：

> 雪後北風寒，琵琶馬上彈。不知青海月，猶作漢宮看。

如此豈不是更好些麼！當時李攀龍作這首詩，不知是先立意要作七絕，便作成這首壞詩呢？還是無意中作成這一首壞詩？總之，被我們說穿了，總覺得是每句頭上拿去了兩個字比較的好些。

也許有人說，第一句"天山"二字是指示明妃所在的地方，是不可拿去的。其實不然。下面有"青海"二字，也是指示明妃所在的地方，那麼，只要有一處指示他所在的地方，已經彀了，何必要重複。也許有人說，"抱得"二字不可割去。這話也不對。"抱得"二字有了不嫌多，沒有的也不嫌少。至於"醉後"二字就很可以刪去，"徘徊"二字那就更無聊了。

這個例剛巧和前一個例相反，而受束縛的害處，兩個例都很顯著。我們看了這兩個例，已可以得到適當的了解。如今再舉一個關於平仄的束縛的例如下。我在小時候就讀熟了袁凱的一首詩如下：

> 江水三千里，家書十五行。行行無別語，只道早還鄉。

（《京師得家書》）

那時候只覺得這首詩好，却不知道袁凱是何時何地人。稍後，已經知道袁凱是明初時人，是華亭人，但還不曾懷疑這首詩中有一個被後人改的字。再過了幾時，讀影印原刻的袁海叟集，見這首詩的第一句是作"江水一千里"。我因此想到作"一千里"是對的，作"三千里"是不對的。因為他的題目是《京師得家書》，可知他這首詩是在京裏作的，而在袁凱時（明太祖時）明代的京城是在南京；袁凱是華亭人，從華亭到南京沒有三千里。可知"一千里"是對的，"三千里"不對（也不見得確是一千里，不過一千里比三千里為比較的對）。"一千里"是他的原文，"三千里"是後人替他改的。後人為甚麼要替他改呢？因為照舊詩的格律說，"一"字是平仄聲不調，"三"字，平仄聲是對的。他們只顧平仄聲的調和，而不知道失却了原作者的本意。這是平仄聲的束縛的一個例。

　　我們作詩的人只要能把這些束縛完全解除了，不管是新，是舊，都可以的。例如胡適之的《希望》云：

> 我從山中來，
>
> 帶得蘭花草；
>
> 種在小園中，
>
> 希望開花早。

> 一日望三回
>
> 望到花時過；
>
> 急壞看花人，
>
> 苞也無一個。

> 眼見秋天到，
>
> 移花供在家；
>
> 明年春風回，
>
> 祝汝滿盆花。

　　這首詩除了分行寫以外，完全是一首舊式的五言古詩。又如劉大白的《八月二十二日月下》云：

> 願把團圞寄與君，
>
> 青天碧海隔殷勤。
>
> 耽心最是明宵月，
>
> 定比今宵瘦一分。

　　這首詩除了分行寫以外，完全是一首舊式的七言絕詩。

　　然而他們的詩不能說不是好詩。有人當他是新詩看，也可以；

有人當他是舊詩看，也可以。這樣說來，體裁的新舊是沒有多少的問題。我說這話，我絕對不是主張凡是作的人必須要作得如此。除了這樣的以外，任便怎樣，都可以。譬如像下面所舉的例都是好詩。

秋意

劉大白作

蟲聲滿耳。

午眠剛起，

認取一絲秋意。

秋意，秋意，來從風裏。

是秋底意？風的意？——

畢竟起從心地。

一九二一，八，九，在杭州

這是一首近於詞的新詩。

聽高麗玄仁槿女士奏佳耶琴

修人作

沒處灑的熱淚，

　向你灑了罷。

你咽聲低泣，

　你抗聲悲歌，

　　你千萬怨恨都迸到指尖，

　　　指尖傳到琴絃，

琴絃聲聲地深入人的心了。

你發洩了你的沈痛多少？

　蘊藏在你心底裏的沈痛還有多少？

啊！人世間還剩這哀怨的音，

　總是我們的羞罷！

　我的高麗啊！

　我的中華啊！

　我的日本啊！

　我的歐羅巴啊！

這是一首近於散文的新詩。

　　　　春水之一

　　　　謝冰心作

　詩人也只是空寫罷了，

一點心靈

　何曾安慰到

　雨聲裏痛苦的征人。

這是一首小詩。

　　　　舊夢之一

　　　　劉大白作

　泥中呢？

　水面呢？

　誰作主啊？

　風是落花的司命。

這又是一首小詩。

　　　　由歌

　　　　劉復作（用江陰方言）

　河邊浪阿姊你洗格舍衣裳？

　你一泊一泊，泊出情波萬里長。

我隔子綠沈沈格楊柳聽你一記一記搗，

一記一記齊搗勒篤我心上。

（原註）"一記"方言謂"一下"。

（編者補註）"浪"，方言"上"。"格"方言"的"。"舍"，方言"甚麼"。"隔子"，方言"隔著"。"勒篤"，方言"在"。

這是一首擬作的民歌。

這種種的體例雖然各不相同，但我以為都是好詩。

第九節　合於詩學原理的問題

我屢次說過，作詩必須合於詩學原理；倘然不合於詩學原理的，簡直不能算是詩。不過，明白了詩學原理的人，未必就會作詩；而不懂詩學原理的人，作起詩來，也可以與詩學原理暗合，也可以作出很好的詩來。

舉幾個實例來證明罷。如清代的章學誠。他在他的《文史通義》裏有一篇《文理》，中間有說到詩歌原理的地方，確能說得很透徹，但是章學誠自己並不會作詩。

反轉來說，清初的作者如王士禎、查慎行、施閏章等人，談起詩學原理來，實在比不過章學誠，但是他們的詩都作得極好。況且不必要是所謂文人才作得出好詩，就是不讀書、不識字的人，也可以作得出好詩。如《隨園詩話》載一首樵夫哭母的歌道：

　　叫一聲，哭一聲，兒的聲音娘慣聽。如何娘不應？

這首歌是一個不識字的樵夫作的。他當然不知道甚麼叫詩學原理，但是他隨口唱出來的歌，就是極端文人化的袁子才也承認他是好。

又如朱駿聲曾選了一部詩，名叫《如話詩鈔》，中間有一首無名氏的《端午》詩云：

滿斟碧酒泛菖蒲，先醉婆婆後小姑。婆醉有儂儂有壻，

小姑醉煞倩誰扶？

這首詩是一個女子的口吻。眞是女子作的？或是託為女子的口吻？雖不可考，但可決定是當時候流傳在民間的一首民歌，而不是當時文人所能擬作的。無論如何，這個作者他決不能徹底明白詩學原理，只是他作的詩能暗合於原理罷了。不過作詩的如能殼明白詩的原理，那就更好了。

第二章　如何寫詩

第十節　如何動筆作詩

以上所說是動筆作詩以前的一點基本知識。我把這話說過了，現在再說如何動筆作詩。作詩並不是像前清時代考秀才一般的，由"學臺"出了詩題，叫"考相公"照著詩題去作甚麼"五言八韻"；也不是像現代學校裏的作文課一般，由教員把題目寫在黑板上，叫學生按着題目去作文。關於作詩的話，朱夫子說得最好。他在他所註的《詩經》序文裏說道：

> 或有問於予曰："詩何為而作也?"予應之曰："人生而靜，天之性也。感於物而動，性之欲也。夫既有欲矣，則不能無思；既有思矣，則不能無言；既有言矣，則言之所不能盡，而發於咨嗟詠歎之餘者，又必有自然之音響節族（音奏）而不能已焉。此詩之所以作也。"

朱子這一段話雖然也有所本，但是沒有他說得這樣明白透徹。所以我這裏就只引朱子的話，而不追本窮源的作文學史式的考證了。就朱子這段話看來，我們可以知道如何動筆作詩。現在再簡單的說明如下：

（1）我們必須先有所感，而後須要作詩。倘無所感，就根本不必作詩。

（2）詩是我們說不出的情感，而由咨嗟詠歎發抒出來的。倘然是用普通言語說出來的機械式的話，不能算詩。

（3）由咨嗟詠歎而發抒出來的情感，自然成為音節，更不必注意甚麼五言、七言，三行、四行；也不必注意甚麼“仄仄平平仄”，和甚麼“抑揚，揚抑”。

總之，詩就是眞情的自然流露，而成為自然的音節。不過這種眞情自然流露出來時，我們如何用符號（就是文字）把他記錄在紙上，也要有適當的方法。有了這種適當的方法，至少可以幫那自然流露的眞情，使他成為一種有價值的作品。這就是所謂如何動筆寫詩了。

現在我試舉一個例罷。譬如有像下面的一段感想：

> 我有一種說不出的隱痛，平時不和外界的東西接觸，到也不覺得甚麼。一天，是個早秋的夜裏，月光很好，我抬頭看見天上的明月，不知怎樣便引起我的感想來。想道：“我的痛苦沒有人能彀知道的，大概只月亮能彀知道。現在月亮是很明的照在我的頭上，把我一身都照得很清楚，但不知道他肯不肯照一照我的心。現在我就請求他照照我的心罷！”

這樣一段灣灣曲曲的❶感想，很有作詩的可能。但是像上面這樣的寫出來，不能算詩。我們要如何寫才算是詩呢？

---

❶　今作“彎彎曲曲”。——編者註

我們可以把上面的一段文字細細的看看，那幾句話最重要，然後用最簡單的文字把最重要的話達出來。只要能毅達意，文字愈簡愈好。

我們細細看罷之後，自然是覺得最後面"請求月亮照我的心"這句話最為重要，因為有了這句話，前面的話都可以不言而喻了。倘然我沒有甚麼說不出的隱痛，就不要有這種請求；今既然有這種請求，當然先有這種隱痛。所以有了後面的話，前面的話可以不言而喻。

現在就把"請求月亮照我的心"的話寫成詩。是怎樣的寫法呢？倘然寫成一首新詩是如下：

> 月兒！
>
> 你不要單照在我的頭上，
>
> 請你照我的心罷！

倘然寫成兩句舊詩，也可以的，便是：

> 寄言頭上團圞月，勸汝分光照我心。

這不過是千萬個作詩法中間的一法，決不是說，作詩法僅只如此，學會了這一個祕訣，就可以大做其詩了。

假定作詩有一萬個法子（恐怕還不止一萬個），那麼，除了這一個，還有九千九百九十九個。唉！九千九百九十九個，一時如何說得完？現在只好就我所能毅想到的，隨便寫幾個在下面。寫一個，是一個罷了。

但是，讀者不要急。孔夫子早說過："舉一隅，不以三隅反。"這句話成了後來讀書作文者的指南針。只要會得觸類旁通，學到了一個法子，就可以自己悟出三個法子。那麼，在我說一個法子，讀者可以悟出三個；我說三個，讀者可以悟出九個。所以我說的雖然不多，只要聰明的讀者們善於領悟，那就"取之不盡，用之不竭"了。

我呢，不過是立在啟發的地位，替讀者引一個端。將來讀者憑自己的聰明，由此變化出來的方法，由此創造出來的作品比我要好得十倍、百倍，是不足為奇的。我預先在這裏祝賀！

第十一節　就語言為詩

我們讀了前一節的話，可以知道，我們有了一種感，先把他用散文寫出來，然後再把他改成詩。喜歡作新詩的就作新詩，喜歡作舊詩的就作舊詩，都可以的。但是舊詩比新詩容易受束縛，所以我不希望人家多作舊詩。

我們的感想用散文寫出來，可以改為詩。因此，推廣一下，把現成的語言改為詩，也可以的。只要是飽含著詩意的語言，都可以拿來改為詩。雖則不是一個根本的產生詩的原則，但是在練習作詩的時候，這個法子是可以用的。古代有許多名家，間或也用這個法子。現在舉幾個實例如下。

第一個例，《隨園詩話》上說，有一人家園子裏擔冀❶的園丁，一天，在園子看見梅花將要開了，對主人說道："梅樹滿身是花！"主人聞言，就觸動詩興，把他的一句話改作一句詩云：

　　梅孕一身花。

這一句詩，雖然不能說是十分好，但是照舊詩格律說，是很妥

---

❶　"冀"當為"糞"。——編者註

當的。雖然沒有很深的情感，但是有極豐厚的修辭意味，就是把梅樹人格化了，把梅樹當人看。園丁的原語，好在一個"身"字。主人就由"身"字想出"孕"字，便成了這樣的一句詩。

第二個例，五代時吳越王錢鏐寄其夫人書云："陌上花開，可緩緩歸矣。"王漁洋《香祖筆記》說："不過數言，而姿致無限，雖復文人操筆，無以過之。"余按，這一句話真是飽含著詩意，近人有散文詩的名稱，像這句話，可算是舊詩中的散文詩。就是要把他改為一句舊式的七言詩也很容易。就是：

　　　　陌上花開緩緩歸。

第三個例，王右軍帖云："寒食近，得且住為佳耳。"宋人辛稼軒就用他為《霜天曉角》詞云：

　　　　明日落花食日，得且住為佳耳。

又《玉蝴蝶》詞云：

　　　　試聽呵！寒食近也，且住為佳。

因為原文雖是小簡，但也飽含著詩意，所以辛稼軒能改他為詞。

第四個例，蘇東坡在潁州時，有一個正月的夜裏，庭前梅花盛開，月色明霽。王夫人說："春月勝於秋月。秋月令人慘悽，春月令人和悅。可召趙德麟輩來飲此花下。"東坡聞言說道："吾不知子能詩耶！此真詩家語耳。"於是就約了趙德麟等人來賞月，看花，並填了一首《減字木蘭花》的詞云：

　　　　春庭月午，搖落春醪光欲舞。轉步廻廊，半落梅花婉
　　婉香。　　輕風薄霧，都是少年行樂處。不是秋光，只與
　　離人照斷腸。

他的後半闋就是採用王夫人的語意。從來談詞的人，只知說東坡的詞是得著王夫人的幫助，但是在今日看起來，東坡的詞反不及

王夫人的話活潑而自然。

第五個例，蘇東坡作《定風波詞》，序云："王定國歌兒曰柔奴，姓宇文氏，眉目娟麗，善應對，家世住京師。定國南遷歸，余問柔奴：'廣南風土應是不好？'柔奴對曰：'此心安處，便是吾鄉。'因為綴一詞。"余按，"此心安處，便是吾鄉"，這八個字也有詩意。東坡詞的末兩句云：

> 試問嶺南應不好，却道：此心安處，便是吾鄉。

記得前三四年，我也有一句詩云：

> 久客江湖便是家。

雖不是有心用柔奴的語，而且境界也略有些不同，然多少有點關係。或者是先讀過這句話，本已忘記了，但作詩時却又無意中得了他的啟示，而不自覺。

以上所述，有就語言為詩的，有就語言為詞的。但是我現把他一起拿來講，也不必分為詩詞了。讀者讀了這一段話，或者可以啟發你們的心思，而得到一點益處。

第十二節　就詩為詞

前一節既然說過就語言為詩，這裏索性再說一說就詩為詞。我們看了前人就詩為詞的實例，一方面可以知道詩、詞變化的關鍵，一方面可以啟示我們，再進一步，把舊詩解放成新詩。

現在先看就詩為詞的一個例。蘇東坡《洞仙歌》詞，自序云：

> 僕七歲時，見眉州老尼，姓朱，忘其名，年九十餘。
> 自言嘗隨其師入蜀主孟昶宮中。一日大熱，主與花蕊夫人

避暑摩訶池上，作一詞。朱具能記之。今四十年，朱已死久矣，人無知此詞者。獨記其首兩句。暇日尋味，豈《洞仙歌》乎？乃為足之。

詞云：

冰肌玉骨，自清涼無汗。水殿風來暗香滿，繡簾開一點。明月窺人人未寢，欹枕釵橫鬢亂。起來攜素手，庭戶無聲，時見疏星渡河漢。試問夜如何？夜已三更，金波淡，玉繩低轉。但屈指西風幾時來，又只恐流年暗中偷換。

據東坡自序，這首詞的前兩句乃是借用眉州老尼所述孟昶詞。然據《墨莊雜錄》引《李季成詩話》，孟昶作的本是一首詩，東坡是將全首詩改為詞。如此說來，東坡小序裏的話乃是騙人的話了。現在我們且看《李季成詩話》所載的孟昶的原詩是怎樣：

冰肌玉骨清無汗，水殿風來暗香滿。簾間明月獨窺人，欹枕釵橫雲鬢亂。三更庭院悄無聲，時見疏星渡河漢。屈指西風幾時來，只恐流年暗中換。

我們拿後面的詩和東坡的《洞仙歌》詞比較起來，很信《洞仙歌》詞是就孟昶的詩演成的。東坡序中說孟昶原作疑是《洞仙歌》，其實《洞仙歌》這個詞調出現較遲，在五代孟昶時是沒有的。那麼，越可證明東坡是就詩為詞了。

再看就詩為歌的一個例罷。蘇東坡同他的朋友在野外宴集，有姓郭的，善唱輓歌，自說恨無佳句，乃改白樂天的《寒食》詩唱云：

鳥啼鵲噪昏喬木，清明寒食誰家哭？風吹曠野紙錢飛，古墓纍纍春草綠。棠梨花映白楊路，盡是死生離別處。冥漠重泉哭不聞，蕭蕭暮雨人歸去。

按，白樂天原詩題為《寒食吟》，詩云：

　　邱墟郭門外，寒食誰家哭？風吹曠野紙錢飛，古墓纍
纍春草綠。棠梨花映白楊樹，盡是死生離別處。冥漠重泉
哭不聞，蕭蕭風雨人歸去。

將白樂天的原詩和姓郭的所唱的輓歌一比，除了起首兩句不同
而外，其他都是一樣。起首兩句他所以要改的原因，無非是因為原
詩不便於唱罷了。這裏也可以看得出詩和詞的關係。因為詞也是要
能唱的。

不過我們由這兩個例，可以再進一步，就是把原有的好的舊詩
解放成為新詩。今舉例如下：

　　別夢依依到謝家，小廊廻合曲欄斜。多情只有春庭月，
猶為離人照落花。

這是唐人的七言絕詩。現在我們把他解放成新詩，看是怎樣？

　　我昨夜作了一個夢，

　　夢見到了謝家。

　　分明看見那邊

　　廻環的長廊，

　　曲折的欄干，

　　還看見滿地的落花；

　　只是冷清清的沒有一個人。

　　多謝那天上的明月，

　　在慰藉我的寂寞。

我們把這個例細細的一看，把前面的舊詩和後面的新詩細細的
比較。我們可以徹底明白舊詩和新詩的分別了，也可以知道如何改
變舊詩為新詩了。

也許有人說，那原來的一首唐詩，沒有甚麼"冷清清的不見一個人"的話，在新詩裏為甚麼却有了？我道，在原詩裏雖然在字面上沒有說出，但實在是有這個意思。他第三句說"多情只有春庭月"，一個"只"字，就包含這個意思，就是除了明月以外，沒有人的意思。

也許有人說，原詩裏並沒有"明月在慰藉我的寂寞"的話，為甚麼新詩裏却有了？我道，這個意思在原詩裏也是有的。原詩"多情只有春庭月"，"多情"二字就是這個意思。

我們改舊詩為新詩，只要不失他的大意就好了，不能照著字面改的。

第十三節　民歌與文人詩寫法之比較

在舊詩裏常常看見文人作的詩和民歌有密切的關係，這總不外乎兩種情形；或是文人取材於民歌，或是民歌由文人詩變來。例如我在小時候曾聽見鄉間的婦女們唱一首山歌云：

做天難做四月天，蠶要溫和麥要寒。種菜的哥哥要落雨，採桑娘子要晴乾。

這是我們認為流傳於民間的一首山歌。然最近看見蘇舜卿詩集中有一首詩云：

南風霏霏麥花落，豆田漠漠初垂角。山邊夜半一犁雨，田夫高歌待收穫。雨多蕭蕭蠶簇寒，蠶婦低眉憂繭單。人生多求復多怨，天公供爾良獨難。

這一首民歌和一首文人詩，內容是一樣的。我敢說不是蘇舜卿取材於民歌，就是民歌從蘇舜卿詩變化來的。蘇舜卿是宋初人，時代很早。倘然他的詩是取材於民歌，那麼，這首民歌的時代就更早了。

但是，我們現在不管他是怎樣，不必去做考證的功夫，只把兩首作品拿來比較一下，總可悟得出一點寫詩的方法。至於考證的功夫，那要讓講文學史的人去做。我們現在講作詩法，只要比較兩種的寫法就行了。

這樣的例也不只一個，現在再把我所記得起的一個例寫在下面，以供讀者的研究。

原有高麗人名叫申紫霞，他選取了幾十首高麗的民歌改成中國的七言絕詩。我讀了他，覺得民歌的原意很好，但是改成絕詩以後，實在是太拘束了。然民歌原來的樣子是怎樣？我又不能知道。況且也是高麗語，而非中國語，我實在沒有知道他的可能。我只得根據申紫霞的絕詩，再把他改為民歌，當然不能和原來的民歌一樣，但是比較七言絕詩是活潑的多了。現在把他們拿來比較比較，也可以悟得出寫詩的方法。

原作之一

水雲渺渺神來路，琴作橋梁濟大川。十二琴絃十二柱，
不知何柱降神絃？

改作之一

雲渺渺、水迢迢。神來欲渡，把琴作橋。十二條琴絃，
十二枝柱，那條絃上是神來路？

原作之二

茸茸綠草青江上，老馬身閒謝轡銜。奮首一鳴時向北，
夕陽無限戀君心。

改作之二

江邊芳草萋萋。悶殺江干老馬，鞍轡已全弛。他一片
壯心未死。昂首長鳴，在夕陽影裏。戀君心切，臨風無限
依依！

原作之三

白蝴蝶汝青山去，黑蝶團飛共入山。行行日暮花堪宿，
花薄情時葉宿還。

改作之三

白蝴蝶！你飛向花叢去。黑蝴蝶！你飛向花叢去。花
如有意，你便抱花眠；花若無情，你便抱著葉兒伴。

原作之四

青山影裏碧溪水，容易東流爾莫誇。一到滄江難再見，
且留明月影婆娑。

改作之四

溪水奔流，欲留也留不住。他離山赴海，那肯歸原處？
只有團圝明月，落在波心，萬古千秋流不去。

我們看了“做天難做四月天”的山歌，再看一看蘇舜卿的詩，
自然覺得是山歌活潑。我們再一看申紫霞詩的原作和改作，也覺得
是改作活潑。因此，可以斷定民歌比文人詩好麼？這也很難說。例
如《楚辭》中的《九歌》，乃是屈原取湘、沅間民歌而改成的；劉禹
錫的《竹枝詞》，也是劉禹錫取巴、渝間的民歌而改成的。他們二人
的改本都很好。本歌雖不可得而見，無從比較，但據後來的民歌以
推測從前的民歌，總可以決定原來的民歌的修辭方面，比文人改過
的要差一些。只要改的人的手法高妙，不損失原有的情感，又能活
潑而不拘束、自然而不牽強，那就好了。閒話不要多說，且說我們

看了申紫霞詩的原作和改作，我們一面要比較他們的優劣，一面要
希望能從這裏悟得出一些寫詩方法。

第十四節　小詩與摘句寫法之比較

我們讀了前一節，從民歌與文人詩比較，可以悟出一些寫詩的
方法來。再有新詩中的小詩和舊詩中的“摘句”，也很可以互相比
較，而悟得出一些寫詩的方法來。

小詩這個名詞想，讀者都知道的了，不用再說了。“摘句”是甚
麼呢？就是舊詩中的零碎的句子，意思從全篇中摘錄出來的一句、
兩句，所以稱為“摘句”。我們也可以叫他是“斷句”。這是閒話，
不必多說。現在我們且看小詩和摘句的比較。

寂寞空庭春欲晚，梨花滿地不開門。

（唐詩）

寂寞空庭，
春光暮了；
滿地上堆著梨花，
門兒關得緊緊的。

（小詩）

客久見人心。

（唐詩）

久瓢泊在天涯，
看透了人情世故。

（小詩）

生離——

是朦朧的日月；

死別——

是憔悴的落花。

　　　　　（見《繁星》十二頁）

憔悴落花成死別，

朦朧殘月是生離。

　　　　　（摘句）

白的花勝似綠的葉，

濃的酒不如淡的茶。

　　　　　（見《繁星》八十五頁）

白花驕綠葉，

濃酒遜清茶。

　　　　　（摘句）

使生如夏日之絢爛，死如秋葉之靜美。

　　　　（《飛鳥集》第八十二首）

死如枯葉靜，

生似好花妍。

　　　　　（摘句）

　　蟋蟀的唧唧，夜雨的淅瀝，從黑暗中到我耳裏來，好似我已逝的少年時代沙沙的到我夢境中。

　　　　（《飛鳥集》第一百九十八首）

凄凄蟲語蕭蕭雨，鉤引前塵到夢中。

（摘句）

雲倒水在河的水杯裏，他自己却藏在遠山之中。

（《飛鳥集》第一百七十四首）

白雲遠住深山裏，行雨難忘濟世心。

（摘句）

　　我們看了上面這幾個例，我們可以知道小詩和摘句是怎樣的異同。我們倘然能徹底明白了他們的異同，那麼，便可以打破新舊之界，而省却許多無謂的爭論。

　　我說這話，我要很鄭重的聲明，並不是想保存舊詩，要把所有的新詩都改成舊詩，把所有的小詩都改成摘句。然也不是叫人家作新詩時只向《唐詩三百首》中去偷材料，把舊詩改頭換面的作成新詩。我只不過是列舉兩種不同樣的寫法，啟發初學者的心思，使他從此中自悟出一些寫詩的方法。

　　再說明白點，以上所說的話都只不過是一種參考的資料，絕對不是固定的方法。所謂方法，還要讀者從這些參考資料中自己悟出來。

第十五節　關於音節的話

　　說到作詩，大多數的人，以為音節是個極重要的問題。學作舊詩的人，固然要照著一定的"仄仄平平仄"的格式去作，而作新詩的人，也要從"仄仄平平仄"之外去別求所謂新的音節。專門研究舊詩音節的書，有趙秋谷的《聲調譜》、王漁洋的《律詩定體》、翁覃溪的《古詩平仄論》《五言詩平仄論》《七言詩平仄論》等。但是我可以說，按照著這些書去學作詩是永遠學不會的。好在舊詩的音節的束縛，現在人家都已知道了，更不必要我再來攻擊。再說新詩的音節是怎樣呢？唐鉞和劉大白兩先生都曾研究過。唐鉞有關於音節的論文載在《國故新探》內，劉大白有關於音節的論文載在《中國文學研究》內。他們當然有他們的價值，可以供給我們研究詩學的人作參考的資料。然學作詩時，依照他們的話去作，未見得作得好。這不是我個人的偏見。讀者如不信我的話，也無妨去讀一讀他們的論文，自己看是如何。

照這樣說來，音節問題究竟是怎樣的解決呢？據我個人的意見，關於音節的話，還是朱子說得最好。他說：

> ……既有思矣，則不能無言；既有言矣，則言之所不能盡，而發於咨嗟詠歎之餘者，又必有自然之音響節族（音奏），而不能已焉。……

他這幾句話說得很好。我們把他解釋明白一點，就是：

> 人們有了情感，關在胸中，覺得十分沈悶，不得不發洩出來；然這種情感又不是機械的語言所能發洩得出，於是帶唱帶歎的發揮出來；既然經過唱歎，那麼聲音自然有高低、輕重、抑揚、長短的分別，於是就成了音節。

照此看來，詩中的音節是有的，沒有音節便不能成為詩。然反轉來說，凡是真的詩，凡是好的詩，凡是從心坎裏流露出來的真情，都自然有音節；更不必要用甚麼研究音節的功夫，而後可以作詩。

簡單一點說，音節是情感的關係，而不是文字符號的關係。音節的好不好乃是情感真假及情感深淺的關係，不是"平上去入"調和適當，或"抑揚""揚抑"配置合宜的關係。

情感有種種的不同，例如表憤怒的情感，音節自然短促；表思慕的情感，音節自然悠揚。其他表各種的情感，無不如此。這是我們拿古人的詩可以證明的：

> ……國讎未報壯士老，匣中寶劍夜有聲。何當凱旋宴
> 將士，三更雪壓飛狐城！（陸游的《長歌行》）

這四句詩是表憤怒的情感的。因為陸游生當南宋偏安之世，對於金人的侵略中國，❶ 和中國人的苟且偷安、不知振作，很是不平，所以這首詩裏都是發洩他憤怒的情感，而音節也急促得很。

> 冰簟銀牀夢不成，碧天如水夜雲輕。雁聲遠過瀟湘去，
> 十二樓中月自明。（溫庭筠的《瑤瑟怨》）

這一首詩是表思慕的情感的，所以他的音節是很悠揚。

我們把這兩詩比較一下，細細的諷詠一下，便覺得前詩宜急讀，不宜緩讀；後詩宜緩讀，不宜急讀。倘然讀的時候，把他們互換一下，那麼他們的情感就完全不能表現出來，同時候詩的價值也就失掉了。

情感這個東西是很複雜的，不是簡單的；是變化極多的，不是固定的。所以同是表思慕的情感，也因各個人的性情不同，而音節也就緩急不同。這也是可以實例證明的。

> 狂風吹我心，西掛咸陽樹。（李白詩）

> 白沙亭下潮千尺，直送離心到秣陵。（王士禎詩）

這兩個人的詩都是表思慕的情感的，而且意思也是一樣。但因兩位作者的性情不同，所以作成的詩的音節就緩急不同。李白的詩宜急讀，不宜緩讀；王士禎的詩宜緩讀，不宜急讀。這不必要我來

細細的說明，讀者自己實驗一下，就可以知道的。

總之，詩是有音節的，然音節是作者的情感的關係，而不是"仄仄平平仄"或"抑揚""揚抑"的關係。所以音節是須細讀每一首詩，就詩去體驗出來的，而不是籠統的說應如何如何的。

至於就文字的方面去講，也有可以說的話，然不是根本的辦法。就拿前面所引李白、王士禎二人的詩做例罷。

李白的詩急促的音節，全是一個"狂"字的關係。倘然我們把他的"狂"字改為"秋"字，作：

> 秋風吹我心，西掛咸陽樹。

那麼，他的音節就比較的和緩一些。

王士禎的詩倘然改作：

> 亭邊江水流如箭，送我離心到秣陵。

那麼，也可以比較的促迫一點。

難道凡是用到"秋"字，音節都和緩；而凡是用到"狂"字，音節都促迫麼？難道"如箭"二字與"千尺"二字平仄聲有兩樣麼？這也不然。"如"字是平聲，原來的"千"字也是平聲；"箭"字是仄聲，原來的"尺"字也是仄聲。一點沒有不同之處。那麼，我們可以知道音節的關係，不是"仄仄平平仄"或"抑揚""揚抑"的關係了。

第十六節　關於用韻的話

關於用韻的話，也是學作詩的人急於要問明白的一件事。到底作詩是不是可以無韻？到底韻是不是有一定的地位？到底是要守著舊有的韻書呢？還是照我們現代的語言，照我們自己的口音，覺得和諧時，就算是韻？

　　這幾個問題不十分複雜，只須一二句簡單的話就可以答復明白的。現在我且照我個人的意見大略答復如下。

　　第一個問題，作詩是不是可以無韻？我答道，就中國古代的詩歌考察下來，詩總是有韻的。雖然在上古時代沒有“韻書”，但是作詩的人總有自然的韻。不過現代人作的新詩也有無韻的。然他是純然抒情的，有自然的音節，也不能說不是詩。所以我的答案是：有韻也好，無韻也可以，只要有自然的音節。譬如前面第八節裏所引的近人作的詩，就有許多是無韻的。但是我們也不必一定說有韻的便不是好的詩。在相當的情形之下，韻還是要用的。如前面第八節裏所引劉復作的山歌，和十三節裏我所改的民歌，都是有韻的，然也不覺得被韻所束縛。

　　第二個問題，韻是不是有一定的地位？我答道，如照舊詩的格式說，韻是有一定的地位的；但是照新詩的格式說，是不一定的。只須任其自然就是了。

　　第三個問題，倘然用韻，還是守著舊有的韻書呢？還是照現代的語言，照自己的口音，覺得和諧，就算是韻？我答道，語言是有變遷的，古代的韻書，和現代的語言，已多不合。例如平水韻（今日通行的詩韻）“一東”“二冬”“三江”這三個韻，中間的字，在占代聲音是相近的。但在現代“三江”中的字和“東”“冬”兩韻中的字聲音就不相近了。所以古韻書已不適用於今日了。但是我們倘然要用韻，也不可毫無標準，所以最好是另編一部新的詩韻。這種詩韻，現在已經有了一種，名為《國音新詩韻》，是趙元任作的。我們作詩的人是可以拿來做標準的。然也不可像作舊詩一般，被韻所束縛。

如今我再要連帶說一件事，就是所表現的情感如何，和所用的韻有密切的關係。拿"平水韻"來說，"二蕭""三肴""四豪""七陽"，這幾個韻中的字，聲音都很高亢，所以表激昂慷慨的情感，往往是用這幾個韻。"一東""二冬"這兩個韻中的字，聲音都很和平，所以表現帶一點快樂的情感，往往是用這兩個韻。此外，"四支""五微""九佳""十灰"這幾個韻，宜於表悲壯的情感；"十一尤"這一個韻，宜於表幽咽的情感。這是大概的情形，也不是一定不變的。作詩的人也不可十二分的拘泥著。又如四聲之中，"平聲"韻最和緩，"入聲"韻最急促。由各人的性情不同，因而作詩喜用甚麼韻也不同。譬如同是五言古詩，陶淵明多用"平聲"韻，柳子厚多用"入聲"韻。這分明因為陶淵明的性情沖和平淡，柳子厚的性情峻急深刻。我們細讀一讀他們二人的詩，就可以知道我的話不是亂說了。

我在前一節裏曾說過，不見得用到"秋"字音節都和緩，用到"狂"字音節都急促。這裏又說這樣的話，好像是自相矛盾，其實不然。這裏所說的是用韻。韻是用在一句停頓的地方，和其他的字用在不吃緊的地方有些不同；所以是彼此的情形不同，並不是自相矛盾。這是我要鄭重聲明的。

第十七節　用字造句法之一斑

關於用字造句的方法，也是一般學作詩的人以為急於要知道的。在他們的理想中，以為用字、造句，有一種祕訣。看見人家作詩作得好，以為是得到了那種祕訣；自己作詩作不好，以為是沒有得到那種祕訣。又把所謂祕訣看成一種固定的東西，好像是鑰匙，只要得到了鑰匙，一定會開鎖；好像圖章和印泥，只要得到了圖章和印泥，一定會把圖章蓋在紙上。所以他們急急的尋師訪友，請教通人，無非是想人家把這個祕訣傳給他。他一旦得到了，立刻就會應用，立刻就變了一個詩人。

他們的理想大概是如此。於是迎合這種心理，起來教人作詩的書，就一部一部的出版，教人家怎樣起，怎樣結，怎樣對；教人家怎樣鍊字，怎樣鍊句。這一類的書，自從唐人的《詩式》起，一直到近人所編的作詩法一類書為止，很有好幾種。但是學的人是怎樣呢？只覺得是不勝其麻煩罷了，結果完全失望！

於是立在反對方面的人，又說，只可以意會，不可以言傳；又說，你只管多讀、多作，到了後來，自然會作得好。這話固然不錯，但是在初學的人聽了，又覺得太籠統、太空泛了。只可以意會，不可以言傳，叫人如何去會？多讀、多作，第一步却叫人如何去作？所以這話也很是使得人不能滿意。

那麼，關於用字和造句，到底是有法呢？還是無法？是可說呢？還是不可說？

我的答案道，法是有的，但不是固定的；法是可以說的，但是說不盡的。為甚麼不固定呢？因為同是一個法子，在我作這首詩時適用，在他人作另　首詩時就不適用了。為甚麼說不盡呢？根據上面的話，一個法子只適用於一處，那麼，一百首詩就有一百個法子，一千首詩就有一千個法子，一萬首詩就有一萬個法子。詩無盡，法子也無盡。任便我寫十本八本書也是說不完。任便你把一千個一萬個法子都學會了，作起詩來還是不夠用。

簡單的說一句，就是所謂方法，都是作詩人臨時創造的。我們只能參考前人的方法，來幫助我們自己創造方法，決不能因襲人家的老方法。

我絕對不主張叫人因襲方法，依樣畫葫蘆。但我以為供給做參考的方法也不能不要，所以這裏隨便把我所想到的話寫出來，供給人家參考參考。本來無系統，所以也無所謂誰先誰後；本來無限制，所以也無所謂完備不完備。我把這話說明白了，下文再略說一說幾種方法。

用字的方法之一種，就是要使所用的字能表現出我的情感；否則，這一個字便等於廢字。而這種字，在作的人往往是很費了些工夫想出來，而在讀者卻往往不注意，把他忽略過了。大約越是用得沒痕跡的，越是容易忽略過。例如王士禎的《眞州絕句》之一云：

曉上高樓最上層，去帆婀娜意難勝！白沙亭下潮千尺，直送離心到秣陵。

這首詩中有兩個字，一般的人往往把他忽略過了，以為是無關緊要的字。其實這兩個字是極重要的，倘然把他們改了，那麼，作者的情感就不能表現出來。這兩個字是甚麼字？讀者先自己尋一尋看，如尋不出來時，待我再說。

原來第一個是“去”字，第二個是“離”字。因為他是曉起登樓，看見江上的船，因而想起在秣陵的朋友。“去帆”，是說船是往秣陵去的；“離心”，是說離別的情緒。倘然把“去帆”改為“孤帆”，“離心”改為“吾心”，在詩的表面上說，也無所不可，但是作者因見物而思人的情感，完全不能表現出來。換一句話，這首詩就是一首死詩。

又如范成大的《橫塘》詩云：

南浦春來綠一川，石橋朱塔兩依然。年年送客橫塘路，細雨垂楊繫畫船。

這首詩中也有四個字，是一般人極容易忽略過，而却又是極重要的。就是"依然"和"年年"四個字。用"年年"兩個字，是表明送客不止一次；用"依然"兩字，是表明石橋、朱塔，老是這個樣子，而每一次送客的情緒不同。這中間有許多的世事變遷，朋友聚散的感慨，都靠這四個字表現出來。倘然改作：

南浦春來綠一川，石橋朱塔兩巍然。今朝送客橫塘路，細雨垂楊繫畫船。

這樣的改作，在詩的表面上說，也未嘗不可以，但是作者的情感不能表現出來，而這首詩也就變成淺薄無聊的詩了。

用字的又一種方法，要使所用的字的確是這個字，而決不是他字所能代替的。例如從前有人作《早梅》詩云：

昨夜數枝開。

另一個人說道，不如把"數"字改為"一"字，作：

昨夜一枝開。

因為"數枝"不見得是早梅，"一枝"才是早梅。他這話是對的。可見這裏非用"一"字不可。就退一步說，"數"字也非不通，然"數"字決不及"一"字好，決不及"一"字有力，更能寫出是早梅。

這樣同類的例還有兩個。杜甫的詩云：

天地一沙鷗。

這是極力描寫天地空闊，除了沙鷗之外，旁的東西一無所見的情景。在實際上也不見得只有一隻沙鷗，而沒有第二隻。倘說"數沙鷗"，也未嘗不可，惟"數"字決不及"一"字有力量。倘云：

161

> 天地數沙鷗。

可說是一句很壞的詩了。又如杜詩云：

> 江湖滿地一漁翁。

也是一樣的，"一"字極有力，決不可改作旁的字。

用字的又一種方法，是要使得一個字當幾個字用。如此，便不覺得繁冗。例如唐人劉長卿詩云：

> 洞庭秋水遠連天。

又柳宗元詩云：

> 洞庭春盡水如天。

這兩句詩很相像，然柳詩勝於劉詩。因為我們把兩句詩比較一下，"春"字相當於"秋"字，"如"字等於"連"字，然柳詩"如天"二字可抵得劉詩"遠連天"三字。劉詩"秋水"二字不過是說秋天的水，而柳詩"春盡"稍一停頓，意思是說暮春的時候。那麼，暮春時的一切情景，都包含在內，意思比劉長卿的詩要多。所以然的原因，就是把"如天"兩個字抵劉長卿的"遠連天"三個字。

用字的又一種方法，就是要用這個字可以增加一句詩的好處。例如我於前幾年在雪後散步於某園中，作詩云：

> 松肢添擁腫。

這裏一個"肢"字，有許多人以為是"枝"字的錯誤。其實不然。用"枝"字只不過普通的稱松樹，用"肢"字是把松樹人格化了，所以"肢"字不但是不錯，而且比"枝"字要好些。我的下面一句是：

> 石骨沒崚嶒。

"石骨"，也是把石頭人格化了。使一切有生無生的東西，都人格化，是修辭學裏的一種方法，又稱為擬人。所以這兩句詩雖然沒有多少情感，但是可以說是有修辭的意味。"添擁腫""沒崚嶒"，是寫雪後的形景，也不空泛。

又如有一句詩云：

> 晚潮已沒蘆花頂。

後來改作：

> 晚潮漸沒蘆花頂。

覺得"漸"字比"已"字要好些。因為"已"字說潮水已經浸沒蘆花頂了，是呆板的情景；"漸"字能寫出潮水慢慢的來的情景，越漲越高，漸浸沒到蘆花頂了，是活潑的情景。所以說"漸"字比"已"字要好。

這也可以悟得用字之法。

以上說明用字的方法，所舉的例，都是舊詩。我並不是特別的看重舊詩，只因為舊詩比較的講究用字，所以容易從舊詩中找出例來。我們把這種方法知道得清楚了，對於作新詩一樣的有可以供參考的地方，有幫助我們把詩作得更好的地方。

如今再說造句。造句也是和用字一樣，方法說不盡的，只好略說一兩個以見一斑罷了。

造句的方法之一種，就是要在可能的範圍以內，用簡便的句法，傳達曲折繁複的意思。例如王摩詰的詩云：

> 解纜君已遙，望君猶佇立。

陳后山的詩云：

> 風帆目力短。

兩人的詩是同樣的意思，但是陳后山的詩要比王摩詰的好。因為他的造句的方法好，能用更簡單的字，寫出同樣的意思來。試看他"目力短"三字，豈不是要抵王摩詰"君已遙，望君猶佇立"八個字麼？

至如李太白的詩云：

> 孤帆遠影碧空盡，惟見長江天際流。

孟浩然的詩云：

> 疾風吹征帆，倏爾向空沒。

意思都差不多，但都不及陳后山的五個字比較的簡便老鍊。

不過，陳后山也有弄僵了的時候。如白居易的《長恨歌》中有句云：

> 後宮佳麗三千人，三千寵愛在一身。

陳后山却有詩云：

> 一身當三千。

這樣，從十四個字淘汰成五個字，實在是太過分，弄得僵化了。所以我說陳后山的這種辦法有時候也不行。

如今再說一個例。

從前有人本有詩兩句云：

> 到江吳地盡，隔岸越山多。

有人把兩句改為一句云：

> 吳越到江分。

這已經比原來兩句好了。又有人改云：

> 吳越一江分。

比較的為最好。因為“吳越到江分”一句，實在是說完了前面兩句的意思，所以比較的算好。然一個“到”字還有問題。是從吳到越呢？還是從越到吳？雖然在文學裏說，並不必斤斤於此，然總覺得“到”字不及“一”字包含得廣，從吳到越也可以說，從越到吳也可以說。而且“到”字猶有痕跡，不如“一”字渾成。所以比較的以"一"字為最好。

造句的又一種方法，就是要自然，不要勉強。例如陶淵明的：

采菊東籬下，悠然見南山。

是多少自然。又如他的：

微雨從東來，好風與之俱。

又多少自然。看似毫不用力，其實他人用盡了力，也寫不出。後來詩人的自然的句子也很多，但終不能超過陶淵明。所以我這裏只舉陶淵明的詩為例，旁的不多舉了。若說前面所講到的陳后山的詩，他雖然也有他的好處，但是他的最大的毛病就是不自然。將他和陶淵明一比，就比淵明差得遠了。

造句的又一種方法，也可以說全篇結構的方法，是要全首一氣貫通。是全首的好，而不是一字一句的好。這裏可先舉孟浩然和李太白的詩為例。

孟浩然的《晚泊潯陽望香爐峯》云：

挂席幾千里，名山都未逢。泊舟潯陽郭，始見香爐峯。

嘗讀遠公傳，永懷塵外踪。東林精舍近，日暮空聞鐘。

李太白的《夜泊牛渚懷古》云：

牛渚西江夜，青天無片雲。登舟望秋月，空憶謝將軍。

余亦能高詠，斯人不可聞。明朝掛帆去，楓葉落紛紛。

這樣的詩，在唐人詩中是要算頂好的了。但是我們再看一看《古詩十九首》是怎樣?《古詩十九首》之一首云：

庭中有奇樹，綠葉發華滋。攀條折其榮，將以遺所思。

馨香盈懷袖，路遠莫致之。此物何足貴，但感別經時。

《古詩十九首》之又一首云：

> 驅車上東門，遙望郭北墓。白楊何蕭蕭，松柏夾廣路。
> 下有陳死人，杳杳即長暮。潛寐黃泉下，千載永不寤。浩
> 浩陰陽移，年命如朝露。人生忽如寄，壽無金石固。萬歲
> 更相送，聖賢莫能度。服食求神仙，多為藥所誤。不如飲
> 美酒，被服紈與素。

像這樣的詩，我們把他一句一句分開來看，看不出好處在那裏，但是一氣讀下去，就覺得他好。只覺得是天生的如此，也不能把他中間隨便刪改幾句。這才是詩的最高的標準。我們現在作詩，無論是作新詩，作舊詩，都希望作到這個樣子。

以上關於用字法和造句法，說了這許多的話，但是我在最後再要說一句簡單的話，就是所舉的例，只好當他是參考的材料看，而不可當他是一定的模型看。

佛經云："所謂佛法，即非佛法。"又云："法尚應捨，何況非法。"我們在這裏也應該說："所謂用字造句法，即非用字造句法。法尚應捨，何況非法。"

我把這話屢次三番的向讀者聲明，倘然讀者仍不聽我的話，被我的舉例所拘，而遇到窒礙不通處，那是讀者自不善讀，恕我不負責了。

第三章　雜論

第十八節　詩的賞鑑法

賞鑑，就是賞鑑古人的詩，或同時人的詩。詩的賞鑑法，本不在詩的作法範圍以內，但是他和作法有密切的關係，所以我們把他在這裏連帶的說一說。

賞鑑，完全是主觀的，只憑我自己的性情和我自己的程度，喜歡讀何人的詩，就讀何人的詩；喜歡讀那一首，就讀那一首。對於我所不喜歡的，或是不能領會的，只管置之不理。

切不可去請教他人，應該讀那一家的詩，應該讀那幾首詩。倘然你去請教人，那就沒有不上當的。譬如你去請教甲，甲是喜歡讀杜詩的，他就勸你讀杜詩；你去請教乙，乙是喜歡讀陶詩的，他就勸你讀陶詩；你去請教丙，丙是讀蘇詩的，他就勸你讀蘇詩。此外，李義山、黃山谷，以至於吳梅村、袁子才，各人教你去讀他自己所喜歡的詩，却不管和你的性情、程度、環境、年齡適宜不適宜，而且各人說得各人的話。你到底信那一個的話為是？要說不對麼，大家都對。他們都是很忠實的把自己所知道的告訴你。要說對麼，實在是都不對。因為甲、乙、丙以至丁、戊……所說的話，都只適宜於他們自己，而不適宜於你。那麼，他們的話和你有甚麼關係呢？

如此說來，賞鑑詩，只憑自己的眼睛去賞鑑，完全不必請教他人。大概必須作者和讀者略有相同之點，這首詩才能感動讀者，才為讀者所喜讀。所以我們只管在許多的詩裏去亂翻，愈翻得多愈好。倘然發見一首你所喜歡讀的詩，他自然會得吸引你的目光，吸引你的心情，使你拿在手裏捨不得放手。這時你便把他抄錄下來，細細的賞鑑。如此一首一首的尋找，一首一首的抄錄，等到日子久了，也許你的賞鑑的眼光會改變。那時就照你已經改變了的眼光去賞鑑。

大約改變的原因不外下列三種：

（1）是因為程度的關係。例如陶淵明的詩太平淡了，如程度過於淺的時候，反領會不到他的好處。但是到後來程度深了，就能領會。這就是你的賞鑑的眼光因程度而改變了。

（2）是環境的關係。例如杜詩，多半是寫得亂離時候的事，倘然你起初是生在太平時代，那就是他的詩和你的環境隔開太遠了，你就不能領會他的好處。倘然你一旦遇到亂世，你的環境就和他很相似，你也就會領略他的詩的好處。這是你的賞鑑的眼光因環境而改變了。

（3）是年齡的關係。如少年人都喜歡讀溫庭筠、韓渥等人的豔詩。等到年紀老了，戀愛的時期過去了，便會覺得他們的詩無味，而喜歡讀那些飽經世故的人所作的詩。這是你的賞鑑的眼光因年齡而改變了。

以上三種變遷，是常有的事，一點不為奇。只有各個人的性情比較的固定一點，雖然也略有變遷，但是所變的不多。

總之，我們照著自己的性情、程度、環境、年齡去尋我們所愛讀的詩，這是賞鑑的惟一的方法。

　好在詩的作品每首都是獨立的，我們任便從一本詩集的中間，抽出任何一首來，都可以的。並不必要如讀科學書一般，要挨著次序去讀：第一頁沒有讀過，不能讀第二頁；第一行沒有讀過，不能讀第二行。

　賞鑑詩的時候，也不是像讀科學書一般的，可以按著規定的時候去讀。我們把詩本子放在身邊，隨便甚麼時候都可以讀。吃過飯休息的時候，坐在電車上的時候，夜裏睡覺之前，早晨睡在床上還沒有起身的時候，都是可以隨便讀的。而總要覺得有興趣才好。倘然沒有興趣時，就可以丟了詩本不要讀。

第十九節　詩的讀法

　這裏所說的詩的讀法，和詩的賞鑑法有些不同。所謂詩的讀法的範圍很小，就是指著把一首詩一字一字的讀出來。

　旁的書只要看看就彀了，惟有詩要讀。因為詩的音節不讀不能領會的。

　我們讀詩時，要使得讀者幾乎與作者同化了，才能把作者的情感細細的體會到，才能把原有的音節讀出來。然也因為要細細的讀出音節來，才能體會得到作者的情感，才能和作者同化。這可說是互相為因、互相為果的。總之，無論如何，只看不讀，是不行的。

　詩的音節，大概是沒有固定的形式可以指示。但是，在舊詩中的五七言律詩和五七言絕詩中，每句停頓的地方，是可以說出來的。現在說明如下。

（1）凡是律詩或絕詩，每句遇著第二字或第四字，是平聲，那裏就可以停頓一下，然後再往下讀。

（2）遇著不拘平仄聲的律詩或絕詩，那是例外。

（3）不問文字能斷不能斷，只以聲音為標準，不管文字的意義。

現在再舉例如下。凡是用"＇"記號的，是表明應該停頓的地方。

對雪

杜甫作

戰哭多新＇鬼，

愁吟＇獨老翁。

亂雲＇低薄暮，

急雪舞廻＇風。

瓢棄尊無＇綠，

爐存＇火似紅。

數州＇消息斷，

愁坐正書＇空。

新年

劉長卿作

鄉心＇新歲切，

天畔獨潸＇然。

老至居人＇下，❶

春歸＇在客先。

嶺猿＇同旦暮，

---

❶ "下"，一作"後"。——編者註

江柳共風’煙。

已似長沙’傅，

從今’又幾年。

　　九日藍田崔氏莊
　　　　杜甫作

老去悲秋’強自寬，

興來’今日盡君歡。

羞將’短髮還吹帽；

笑倩旁人’為正冠。

藍水遠從’千澗落；

玉山’高並兩峯寒。

明年’此會知誰健？

醉把茱萸’子細看。

　　　　閑意
　　　　陸游作

柴門’雖設不曾開，

為怕人行’損綠苔。

妍日漸催’春意動；

好風’時捲市聲來。

學經’妻問生疎字；

嘗酒兒爭’潋灔杯。

安得小園’寬半畝，

黃梅’綠李一時栽。

見渭水思秦川

岑參作

渭水東流’去，

何時’到雍州？

憑添’兩行淚，

寄向故園’流。

劍門道中遇雨

陸游作

衣上征塵’雜酒痕，

遠遊’無處不消魂。

此身’合是詩人未？

細雨騎驢’入劍門。

　　我們要這樣的讀，才自然；不是這樣的讀，便不自然。我們試把陸游的《劍門道中遇雨》照下面的讀法讀一讀，看是怎樣：

衣上，征塵雜酒痕，

遠遊無處不消’魂。

此身合是詩人’未？

細雨’騎驢入劍門。

　　我們這樣的讀，總覺得不自然。這一首詩是如此，其他各首都是如此。但是律詩或絕詩本來不拘平仄聲的，那是例外。如下面一首便是：

送孟浩然之廣陵

李白作

故人西辭黃鶴樓，

烟花三月下揚州。

孤帆遠影碧空盡，

惟見長江天際流。

這首詩的第一句和第三句，都是本來不拘平仄聲的，所以我們規定的讀法是不適用的。這一類的詩也很多，我們認為例外。

倘然在我們規定的方法適用時，遇到在文字上不應該斷，而在讀法上應該停時，也要停。如下面一首便是：

贈劉景文

蘇軾作

荷盡已無擎雨蓋，

菊殘猶有傲霜枝。

一年好景君須記，

正是橙黃橘綠時。

這裏照文字說，“一年好景”四字是相連的，不能斷的；“橙黃橘綠”也是相連的，是不能斷的。但是照我們的讀法讀起來，應讀作：

一年’好景君須記，

正是橙黃’橘綠時。

又如前面所引的劉長卿的《新年》詩，“已似長沙傅”，原來照文字說，“長沙傅”三字是不能割斷的，然我們讀的時候卻要在“沙”字停。陸游的《閑意》詩，“黃梅綠李一時栽”，在文字上說，“黃梅綠李”四字也是相連的，但是我們讀的時候，却要在“梅”字停。這都是很好的例。

第二十節　四戒之一

從前論舊詩的人，往往有所謂忌，如忌甚麼、忌甚麼。現在談新詩的人，也往往提出戒約，如戒甚麼、戒甚麼。大概談舊詩所忌的，正和談新詩所戒的相反。譬如舊詩忌"俗"，新詩卻要戒"雅"，就是一個例。我在這裏也提出四條戒約。這四條戒約，是不管作新詩、作舊詩都要守的。

第一，就是戒作"詩賊"。所謂"詩賊"，就是偷竊他人的詩，算是自己的詩。偷又有明偷、暗偷的分別。明偷就是抄襲，不必再加說明；暗偷就是取他人的大意，改頭換面，稱為自己的作品。例如元人所作《江州庚樓》詩，多少就有一點偷竊的嫌疑。那首詩云：

宿鳥歸飛盡，浮雲薄暮開。淮山青數點，不肯過江來。

我們再看一看李白的《敬亭獨坐》詩是怎樣：

眾鳥高飛盡，孤雲獨去閒。相看兩不厭，只有敬亭山。

大約作《江州庚樓》詩的人，先讀了李白的《敬亭獨坐》詩，愛了他的格調，有心要偷竊的，所以前兩句可以說完全是抄襲來的，全詩的格調也有幾分像李白。初讀一遍，覺得很好。但是仔細一看，就看出毛病來。為甚麼呢？我們先把李白的詩翻出現代語來看：

許多的鳥子都飛完了，

一片雲也慢慢的走過去了。

這裏只賸著我和敬亭山，

彼此相對著不覺得可厭。

前面的"都飛完了""走過去了"，和下面的"只有"二字是連貫的。我們再看《江州庚樓》詩："鳥子飛完了""雲開了"，和

"淮山不肯過江"不貫通。這樣看來，改頭換面的破綻就露出來了。我們從這種地方去看，凡是偷來的詩，很容易被我們看出來的。

　　現在我要鄭重的聲明：我不是向元人追出賊贓，歸還李白；我只不過舉此為例，警戒後人罷了。

第二十一節　四戒之二

　　第二是戒作"詩奴"。所謂"詩奴"，是自己不能創造，只知摹仿他人。人家笑，他也笑；人家哭，他也哭。以至於一舉一動，都照著人家的樣，却不知"東施效顰"，徒然成了笑話。這一類的作品在舊詩裏是極多。例如《將進酒》《行路難》《長歌行》《自君之出矣》《採蓮曲》那些古代的樂府，被後人摹仿濫了。自從劉禹錫作《竹枝詞》之後，不知有多少《竹枝詞》；自從王建作《宮詞》之後，不知有多少《宮詞》；自從招子庸作《粵謳》之後，不知有多少《粵謳》。還有許多"擬陶""擬杜""擬唐""擬宋""擬某某""擬某某"，作者不以為非，反以為是。這是舊詩作者的一個缺點，而曾受新詩作者的痛罵的。但是新詩作者往往於無形中還是患了這個毛病。所以這一點非痛改不可。

第二十二節　四戒之三

　　第三是戒作"詩匠"。所謂"詩匠"，是鈎心鬥角，造出巧妙的句子來，想出巧妙的意思來，畢竟不能算是文學作品。這一類的作品在舊詩中是極多的。例如詠蝶限用"船"字韻云：

便隨賣花人上船。

又如詠白鷄冠花云：

只為五更貪報曉，至今猶帶滿頭霜。

又如詠橘燈云：

映雪囊螢未足奇，請看朱橘代青藜。我來不敢高聲讀，
恐有仙人夜賭棋。

又有一個故事，說是有一富人，似通非通，却喜歡作詩。一天在席上，作詩一句云："柳絮飛來片片紅。"當時四座大笑，問柳絮為甚麼有紅的？那時富人無話可答。幸虧他的一個門客，有小聰明，立刻代他答道："諸君且慢笑，還有上句哩!"於是便讀上句云："夕陽返照桃花路。"眾人聞言，才不敢說甚麼。

像這樣的作詩，全是弄一點小聰明。說他容易，却也不容易；說他是好詩，實在不能說。這樣的作詩，只好算他是"詩匠"。"詩匠"在新詩界裏幸喜還沒有。但也不可不視為戒約之一。

第二十三節　四戒之四

第四是戒為"詩優"。所謂"詩優"，就是指那些專作應酬詩的人而言。這一類的作者好像是軍樂隊，無論婚喪各事，都用得著；他們所吹的，無非是幾個老調。作應酬詩的也是如此。這在舊詩裏是很多的，而在新詩裏也不能全免。我們當視為戒約，不可輕作。

再有專為著供給人家娛樂而作的，雖然脫去老調，花樣翻新，然也不可作，也是所謂"詩優"。

　　其實，上面的四條戒約，也可併成一條，就是：

　　　　不要有意作詩，因為詩是真情的流露。須有所感觸，
　　真情不得不流露而後作。倘然無所感觸，就可以不作。

　　能守這一條戒約，以前四條就不守而自守了。不過這話好像是
籠統一點，所以我還是先把那四條說一說，然後再說這一條，比較
的更明白些。

　　好了，所謂詩的作法已經完了。後面再附一個舊的詩話的目錄，
或者可以供給讀者一點參考罷。

附錄　舊詩話的目錄

　　中國古代關於詩學原理、詩歌史及作詩法的話，大概都包括在所謂詩話裏。詩話的好處就是有許多是原作人心得的話，可以供我們的參考。詩話的短處就是零零碎碎，沒有系統，而且有用的和沒用的夾在一起，很不容易分別。所以只能當是材料看，不能當是有組織有系統的書看。現在把我所知道的書目列在下面，並先寫幾條說明如下。

　　（1）關於詩話，本來已有過《歷代詩話》等三部集成的書，現在就先把這三部書中的詳細目錄開在這裏。只要備了這三部書，可以抵得那些單行本的詩話一百種。（2）為這三部所未收的，也有許多。現在據我所知的，再把他開在下面。如《詩話總龜》以下的書就是。（3）我開這個目錄，並不是希望讀者必須找這些書去看，只不過以為能看更好，且必須先有了新的關於詩學的知識然後去看，才不至於走錯路。

歷代詩話二十七種

（清乾隆三十五年嘉善何文煥輯刊）

（以下■❶係書名人名，故統不標點）

---

❶　原字漫漶，疑為"皆"字。——編者註

詩品一卷	梁鍾　嶸	詩式一卷	唐釋皎然
二十四詩品一卷	唐司空圖	中山詩話一卷	宋劉　攽
後山詩話一卷	宋陳師道	臨漢隱居詩話一卷	宋魏　泰
全唐詩話六卷	宋尤　袤	竹陂詩話一卷	宋周紫芝
六一詩話一卷	宋歐陽修	紫薇詩話一卷	宋呂本中
續詩話一卷	宋司馬光	彥周詩話一卷	宋許　顗
石林詩話三卷	宋葉少蘊	唐子西文錄一卷	宋強幼安
珊瑚鉤詩話三卷	宋張表臣	韻語陽秋二十卷	宋葛立方
二老堂詩話一卷	宋周必大	白石詩說一卷	宋姜　夔
滄浪詩話一卷	宋嚴　羽	山房隨筆一卷	元蔣正子
詩法家數一卷	元楊　載	木天禁語一卷	元范　梈
詩學禁臠一卷	元范　梈	談藝錄一卷	明徐禎卿
藝圃擷餘一卷	明王世懋	存餘堂詩話一卷	明朱承爵
夷白齋詩話一卷	明顧元慶	歷代詩話考索附	清何文煥

（以上《歷代詩話》終）

歷代詩話續編三十種

（現代無錫丁氏輯刊）

本事詩一卷	唐孟　棨	風騷旨格一卷	唐齊　已
樂府古題要解二卷	唐吳　兢	詩人主客圖一卷	唐張　為
觀林詩話二卷	宋吳　聿	誠齋詩話一卷	宋楊萬里
庚溪詩話二卷	宋陳肖巖	草堂詩話二卷	宋蔡夢弼
優古堂詩話一卷	宋吳　开	艇齋詩話一卷	宋曾季貍
藏海詩話一卷	宋吳　可	碧溪詩話十卷	宋黃　徹
吳禮部詩話一卷	元吳師道	詩譜一卷	元陳繹曾
升庵詩話十四卷	明楊　慎	藝苑卮言八卷	明王世貞
國雅品一卷	明顧起綸	四溟詩話四卷	明謝　榛

對牀夜語五卷	宋范晞文	歸田詩話三卷	明瞿　佑
歲寒堂詩話二卷	宋張　戒	逸老堂詩話二卷	明俞　弁
江西詩派小序一卷	宋劉克莊	南濠詩話一卷	明都　穆
娛書堂詩話一卷	宋趙與虤	懷麓堂詩話一卷	明李東陽
滹南詩話三卷	金王若虛	詩鏡總論一卷	明陸時雍
梅澗詩話三卷	元韋居安	揮麈詩話一卷	明王兆雲

（以上續《歷代詩話》終）

清詩話四十三種

（現代無錫丁氏輯刊）

薑齋詩話二卷	王夫之	古詩平仄論	翁方綱小石帆亭
答萬季野詩問一卷	吳喬箸錄	鈍吟雜錄一卷	馮　班
趙秋谷所傳聲調譜	翁方綱小石帆亭	江西詩社宗派圖錄	張泰來箸錄
梅村詩話一卷	吳偉業	五言詩平仄舉隅	翁方綱小石帆亭
寒廳詩話一卷	顧嗣立箸錄	茗香詩論一卷	宋大樽
七言詩平仄舉隅	翁方綱小石帆亭	律詩定體一卷	王士禎箸錄
然燈紀聞一卷	何世璂述	七言詩三昧舉隅	翁方綱小石帆亭
師友詩傳錄一卷	王士禎答箸錄	師友詩傳續錄一卷	王士禎答
談龍錄一卷	趙執信	漁洋詩話三卷	王士禎
聲調譜一卷	趙執信	聲調譜拾遺一卷	翟　翬編
遼詩話一卷	周　春	蠖齋詩話一卷	施閏章
秋窗隨筆一卷	馬　位	漫堂說詩一卷	宋　犖
野鴻詩的一卷	黃子雲	而庵詩話一卷	徐　增
履園譚詩一卷	錢　泳	詩學纂聞一卷	汪師韓
說詩菅蒯一卷	吳雷發	蓮坡詩話一卷	查為仁
秋星閣詩話一卷	李　沂	說詩晬語二卷	沈德潛
貞一齋詩說一卷	李重華	原詩一卷	葉　燮

漢詩總說一卷	費錫璜	全唐詩話續編二卷	孫　濤
山靜居詩話一卷	方　薰	一瓢詩話一卷	薛　雪
峴傭說詩一卷	闕　名	拜經樓詩話四卷	吳　騫
消寒詩話一卷	秦朝釪	唐音審體一卷	錢木庵
續詩品一卷	袁　枚		

（以上《清詩話》終）

（附記）日本人輯有《螢雪軒叢書》一部，其中也都是詩話（我國人做的）、共計十冊，但所有的各書，不出上列三部書的範圍，故細目不再列。

詩話總龜前後集共九十八卷　宋阮閱撰（《四部叢刊》影明嘉靖刊本）

苕溪漁隱叢話前集六十卷　後集四十卷　宋胡仔撰（海山仙館本）

詩人玉屑二十卷　宋魏慶之撰（明刊本石印本錯字太多）

（附記）《四庫總目》道："宋人喜為詩話，裒集成編者至多，傳於今者，惟阮閱《詩話總龜》、蔡正孫《詩林廣記》、胡仔《苕溪漁隱叢話》及慶之是編，卷帙為富。然《總龜》蕪雜，《廣記》挂漏，均不及胡、魏兩家之書。仔書作於高宗時，所錄北宋人語為多；慶之書作於度宗時，所錄南宋人語較備。二書相輔，宋人論詩之概亦略具矣。"

詩林廣記前集十卷　後集十卷　宋蔡正孫撰（明仿宋本）

頤山詩話二卷　　　　　　　明安磐撰（舊刊本）

唐音癸籤三十三卷　　　　　明胡震亨撰（清康熙戊戌江陰刊本）

詩藪十八卷　　　　　　　　明胡應麟撰（明刊本《少室山房筆叢附本》）

瓊台詩話十卷　　　　　　　明蔣冕撰（明刊本）

詩話十卷　　　　　　　　　明楊成玉撰（明刊本）

餘冬詩話三卷　　　　　　　明何孟春撰（程晉芳藏本）

夢蕉詩話二卷　　　　　　　明游潛撰（程氏藏本）

渚山堂詩話三卷　　　　　　明陳霆撰（天一閣藏本）

詩談一卷　　　　　　　　　明徐泰撰（程氏藏本）

過庭詩話二卷　　　　　　　明劉世偉撰（天一閣藏本）

冰川詩式十卷　　　　　　　明梁橋撰（明刊本）

豫章詩話六卷　　　　　　　明郭子章撰（明刊本）

玉笥詩談四卷　　　　　　　明朱孟震撰（程氏藏本）

恬志堂詩話三卷　　　　　　明李日華撰（程氏藏本）

佘山詩話三卷　　　　　　　明陳繼儒撰（程氏藏本）

藕居士詩話二卷　　　　　　明陳懋仁撰（鮑廷博藏本）

歷代詩話八十卷　　　　　　清吳景旭撰（吳興嘉業堂刊本）

（附記）此書與何氏《歷代詩話》不同。何書為叢書性質，此則為類書性質，採集古今詩話說部，分為十集以歸納之。甲集六卷，都是論《詩經》的；乙集六卷，都是論《楚辭》的；丙集九卷，都是論賦的；丁集六卷，都是論古樂府的；戊集六卷，說漢魏六朝的詩；己集十二卷，論杜甫的詩（其中後三卷是杜陵譜系）；庚集九卷，論唐詩；辛集七卷，論宋詩；壬集十卷，論金元的詩；癸集九卷，論明詩。搜羅甚博，可上繼《苕溪漁隱叢話》。

帶經堂詩話三十卷　　　　清王士禎撰（原刊本）

五代詩話十二卷　　　　　清王士撰（舊刊本）

五代詩話十卷　　　　　　清鄭方坤撰（原刊本）

杜詩偶評四卷　　　　　　清沈德潛撰（舊刊本）

養一齋詩話十卷　　　　　清潘德輿撰（清同治刊本）

李杜詩話三卷　　　　　　清潘德輿撰（清同治刊本）

石洲詩話八卷　　　　　　清翁方綱撰（清嘉慶二十年刊本）

洪北江詩話十卷　　　　　清洪亮吉撰（舊刊本）

甌北詩話十二卷　　　　　清趙翼撰（舊刊本）

雨邨詩話十六卷　　　　　清李調元撰（舊刊本）

隨園詩話正續二十六卷　　清袁枚撰（通行本）

明人詩品二卷　　　　　　清杜蔭堂撰（小石山房刊本）

詩筏一卷　　　　　　　　清吳大受撰（嘉業堂刊本）

吳興詩話十六卷　　　　　清戴璐撰（嘉業堂刊本）

雪橋詩話三十二卷　　　　清楊宗羲撰（求恕齋刊本）

昭昧詹言二十二卷　　　　清方東樹撰（通行本）

緝疋堂詩話二卷　　　　　清潘衍相撰（通行本）

通齋詩話十二卷　　　　　清蔣超伯撰（宜秋館刊本）

榕城詩話二卷　　　　　　清杭世駿撰（杭氏七種本）

西河詩話一卷　　　　　　清毛奇齡撰（《西河全集》本）

耐冷談十六卷　　　　　　清宋咸熙撰（舊刊本）

月山詩話一卷　　　　　　清恆仁撰（《藝海珠塵》本）

三唐詩品三卷　　　　　　清宋育仁撰（通行本）

杜詩話五卷　　　　　　　清劉鳳誥撰（《存悔齋集》二十四至二十八）

綠天香雪簃詩話八卷　　　清袁祖光撰（晨風閣刊本）

越縵堂詩話六卷　　　　　清李慈銘撰　蔣瑞藻輯（商務刊本）

習靜齋詩話二卷　　　　　近人方廷楷撰（鉛印本）

續杜工部詩話一卷　　　近人蔣瑞藻撰（原刊本）

冷禪室詩話一卷　　　　近人海納川撰（近日石印本）

在山泉詩話　　　　　　近人潘飛聲撰（鉛印本）

平等閣詩話　　　　　　近人狄葆賢撰（有正書局刊本）

石遺室詩話　　　　　　近人陳衍撰（商務刊本）

合肥詩話　　　　　　　近人李家孚撰（家刊本）

編後記

胡懷琛（1886~1938），原名有懷，字季仁，後改字寄塵，安徽
涇縣（今宣城）人，民國時期著名學者、詩人，主要著作有《國學
概論》《老子學辨》《中國文學史畧》《中國詩學通論》《中國民歌研
究》《中國小說研究》《中國戲曲史》《中國神話》《修辭學發微》《文
藝叢談》《清季野史》《上海外記》《蘇東坡生活》《陸放翁生活》等
百余種。

胡懷琛少聰穎，幼而能詩文，有識鑒。10 岁時應童子試，因不
满該應試方式，愤而离場。20 岁時参加科舉考試，因不避清帝諱而
被黜。自此絕意科舉，棄作八股文與試帖詩。後入上海育才中學就
讀。1910 年，擔任《神州日報》編輯。在新思潮的影響下，他毅然
斷髮，並积极宣揚革命。1911 年，與其兄胡樸安一起加入南社，由
此與柳亚子相識並结爲知己。辛亥革命爆發後，他先後在《太平洋
報》《中華民報》和商務印書館等處任編輯，並參與初等、中等學校
的教科書編選工作。此外，還曾兼任中國公學、滬江大學、持志大
學和正風學院教授，講授中國文學史、中國哲學史等課程。自 1932
年被聘爲上海市通志館編纂後，他搜集、整理出一批上海地方史志
珍贵资料，貢献卓著。

《抒情文作法》和《詩的作法》均由上海世界書局於 1931 年首
次出版。其中，《詩的作法》僅在一年半間（1931 年 5 月至翌年 12
月）就再版兩次，可見其在當時的受歡迎程度。而《抒情文作法》

亦不乏人關注，目前已至少有兩家出版社翻印過其單行本。

此番將二者合編，多少有些曲成其美的意思。爲什麼這麼說呢？帶給讀者閱讀的便利自不待多言。對於作者來說，亦合乎其抒情文與詩二而一、一而二的文學批評觀，即所謂："抒情文和詩在實質上可以說沒有分別，只不過在形式上有些分別，就是詩的形式比較的更整齊，尤其是中國的舊詩比較的最整齊。"再接着他的話說，抒情文與詩的共同實質又是什麼呢？在胡先生看来，朱子註《詩序》的一段話說得最爲明白透徹、最適宜用來作解釋：感於物而動，性之欲也；欲而思，思而言，發而爲咨嗟詠歎者，即詩（抒情文）之所以作也。換句話說，抒情文與詩的實質就在於一個"情"字，即講求真情實感，講求有感而發。可以說，正是這一既傳統又具有普適性的、易簡通脫的文學批評觀、價值觀和創作觀貫穿在這兩種《作法》當中，成就了其言不虛發、語不空行、論理則深入淺出、行文則平實曉暢的獨特風貌。

本次整理，以上海世界書局《抒情文作法》之初版和《詩的作法》第三版爲底本。其間，改豎排爲橫排，對大部分標點進行了調整；其引文之個別字句與今通行本有異者以及其他必要之處，並以"編者註"的方式出校。然限於編者之水平，錯漏之處定難免，望讀者方家海涵並不吝賜教。

徐　浩

2015 年 12 月

《民國文存》第一輯書目